2016년 스팀잇이 생겨나고, 2018년 현재까지 스팀잇에 대한 제대로 설명된 책이 없는 게 현실입니다. 이에 필자는 스팀잇을 활용하면서 알게 된 특징 및 노하우에 대해서 자세히 소개하고자 합니다. 스팀잇을 활용하기 위한 기본적인 기능 설명은 물론이고, 이를 활용하여 수익을 창출하는 방법, 그리고 스팀잇을 기반으로 한 사업의 확장까지 다룰 예정입니다.

전통적인 SNS 채널인 네이버, 카카오, 유튜브의 경우 새롭게 진입해서, 이 것들을 키우는 것은 시간이 많이 걸리고 힘듭니다. 이에 비해 스팀잇은 다른 SNS채널에 비해 만들어진 시간이 별로 안 되었기 때문에 새로 진입한다면 상대적으로 기회가 많습니다.

저는 여러 SNS채널을 운영하면서 실제로 마케팅을 해왔습니다. 이 분야에서만은 노하우가 많이 있음을 자부합니다. 그 동안 수없이 고민하며 여러 시행착오를 했었습니다. 시간이 갈수록 온라인에서

트렌드 변화는 빨라지고 있고, 시행착오를 충분히 할 시간 자체도 이제 줄어들고 있습니다. 그래서 변하는 트렌드에 신속히 적응해야 기회를 잡을 수 있습니다.

이 책을 펼치고 3시간 후면 스팀잇에 대해서 이해를 하고, 직접 활동도 하실 수 있을 것입니다. 이제 본격적으로 스팀잇을 시작해보겠습니다!

*** @venti 벤티(우동성)**

안녕하세요 스팀잇의 @venti 벤티(우동성) 입니다. 블록체인을 기반으로 하는차세대 SNS 스팀잇 처음 접한분들이 너무 어렵다는 이야기가 너무 많았습니다. '어떻게 하면 편하게 스팀잇을 사용할 수 있을까?' 라는 질문과 고민속에서 스팀잇 완전정복 책이 구상되었습니다.

이 책을 통해 사용자들이 좀 더 쉽게 스팀잇을 적응했으면 합니다.

"글쓰면 돈주는 블로그"

"글을 쓰면 돈을 주는 글로소득"

스팀잇에서는 때론 직장인 월급 보다 많은 수익을 얻어 가는 분들이 있습니다.사회초년생분들과 육아를 하시는 분들 그리고 부업으로 매달 50만원정도 벌 수 있는 방법을 모색해 보았으면 좋겠습니다. 믿고 꾸준히 3달만 한번 열심히 해보시길 바랍니다.

그리고 이렇게 출판에 까지 도와주신 @worldinmyheart 신재혁님 보팅으로 모금해주신 많은 스티미언 분들께 감드립니다. 그리고 특별한 여러가지 지원을 아끼지 않고 도와주신 스팀잇 코리아, 온비스 신동민 대표님께 감사드립니다.

*** @worldinmyheart 월드(신재혁)**

안녕하세요 @worldinmyheart 월드(신재혁)입니다. 오랜 기간 블로그를 해왔던 제게 스팀잇은 새로운 도전과도 같았습니다. 기존의 방식을 여러 면에서 뒤엎는, 오직 스팀잇 만이 가지는 새로운 매력들 앞에 저 또한 막연한 두려움을 안고 수많은 시행착오를 겪었던 기억이 납니다.

이 책을 쓰며, 저는 제가 입문자로서 겪었던 모든 어려움과 해결방안을 의미해석과 사례를 토대로 쉽게 풀어보았습니다.

사회 초년생으로써 가장 애매하고도 어려운 시기에 적지 않은 수익과 더불어 소중한 인연들까지 가져다 주며 제게 큰 희망을 심어준 스팀잇. 저는 이 책을 통해 보다 많은 분들이 블록체인 기반 SNS 스팀잇의 매력을 알고, 실질적 수익과 글쓰는 행복까지, 두 마리 토끼를 모두 잡으실 수 있기를 소망합니다. 끝으로 출판 프로젝트에 함께해주신 @벤티님, 어려운조건 속에서도 아낌없는 지원을 보내주신 스팀잇코리아, 온비스 신동민 대표님, 그리고 보팅과 댓글로 성원해주신 모든 스티미언분들께 진심 어린 감사의 말씀을 드립니다.

목차

3장
How to Steemit?

목차

3장

How to Steemit?

4장

수익 10배 올리는 스팀잇 포스팅 사례

4장
스팀잇 팔로우 10배 늘리는 플랫폼전략

6장
스팀잇 수익 전환하기

목차

1장

Why Steemit?

1_ 큰 돈을 벌고싶다면 초창기에 들어가야 한다

그 동안 국내에는 네이버와 티스토리 블로그, 카페, 지식인 등이 있었고, 이후 해외 SNS 플랫폼인 페이스북, 인스타그램 등을 이용한 마케팅 방법이 잇달아 크게 유행했었습니다. 하지만 시간이 흐를수록 이러한 기존의 SNS 플랫폼을 활용하는 온라인마케팅 방식에는 한계가 있음이 각종 지표들을 통해 증명되고 있습니다.

(1) 위기에 직면한 1세대 온라인 마케팅 플랫폼

블로그

블로그의 경우, 사용자수 및 개설 수가 과포화 상태에 이르면서 검색 상위노출이 어려워지고, 노출로 인한 효과도 시간이 갈수록 감소하고 있습니다. 일반적으로 업체들과의 제휴 영업에 활용하기 위해서는 블로그 하루 방문자가 최소 1,000명은 되어야 하는데요. 최근에는 오랜기간 열심히 활동해도 하루 1,000명 방문하는 블로그를 만드는 것이 쉽지 않아졌습니다.

카페

카페를 활용한 마케팅은 네이버 또는 다음에 카페를 개설하여 회원을 모으고 이를 바탕으로 마케팅을 진행하는 방향으로 이루어집니다. 하지만 이 역시 블로그와 마찬가지 이유로, 수없이 많은 기존 카페가 있어 신설 카페는 검색결과 노출조차 쉽지 않게 되었습니다. 여기에 치열한 경쟁은 기존 카페들의 활성화까지 더욱 어렵게 만들고 있는데요. 직접 카페를 신설하여 시작해보시면 회원 수 단 1000명을 모으는 것 조차 보통 쉬운 일이 아니라는 걸 알 수 있으실 겁니다.

(2) 온라인 마케팅을 어렵게 만드는 요소 : 경쟁

온라인 플랫폼은 성숙기를 거치며 참여하는 업체 및 개인들이 많아지고 경쟁이 치열해지며, 이는 온라인 마케팅을 더욱 어렵게 만듭니다. 한 가지 사례를 들어보겠습니다.

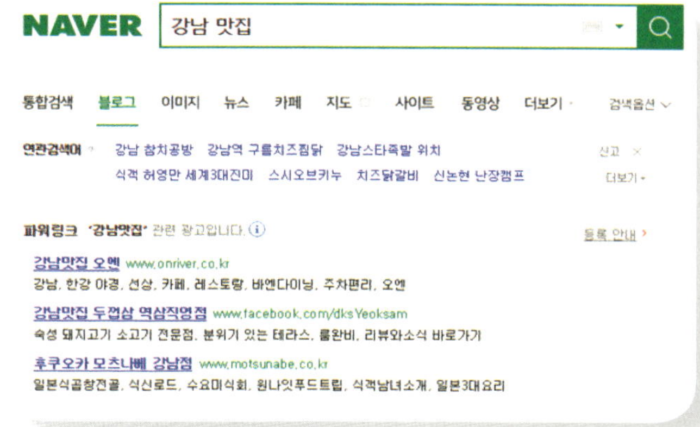

당연히 상단 노출이 어렵습니다. 왜냐하면 위와 같이 이미 504,971개의 경쟁 글이 있기 때문입니다. 약 50만 개의 글 중에서도 오랜 기간 꾸준히 글을 올린 블로거의 글이 앞쪽에 노출될 가능성이 높기 때문에 이제 시작한 초보자의 글은 잘 보이지 않는 뒤 쪽에 있을 수밖에 없습니다. 결과적으로 오늘날에는 개인의 글이 잘 노출되지 않고 전문적으로 운영하는 업체들의 글이 상위에 노출될 가능성이 높습니다.

업체들의 글은 상업성 광고인 경우가 많은데 이렇게 특정 플랫폼이 상업적 자료로 뒤덮이기 시작하면 해당 플랫폼은 사람들의 외면을 받고, 위상이 서서히 하락하게 됩니다.

(3) 그래서 새로운 플랫폼으로의 이동하게 된다

블로그, 페이스북 등 기존 SNS플랫폼에 광고글이 많아지면서 이용자들은 새로운 플랫폼(EX인스타그램)으로 이동하여 활동하는 모습을 보였습니다. 새로운 플랫폼의 경우 사용자가 적기 때문에 업체들은 큰 수익을 낼 수 없습니다.

따라서 즉각적인 진입을 보류하는 경우가 아주 많죠. 오히려 트렌드에 민감하고 색다른 것을 좋아하는 개인들이 먼저 들어와서 사용하게 됩니다. 이러한 얼리어댑터들이 유입되기 시작하면 아직까지는 상업적 광고글이 없는 깨끗한 환경으로 더 많은 개인들이 신규유입 됩니다.

이 과정을 거쳐 어느 정도 이상의 새로운 SNS플랫폼의 사용자가 확보되었을 때 비로소 업체 및 유명한 개인들이 들어와 회원들을 모으고, 모은 회원들을 바탕으로 상업행위를 하면서 수익을 창출하기 시작합니다. 온라인 마케팅은 이런 패턴의 반복이기 때문에 SNS플랫폼을 활용함에 가장 중요한 것은 초기 진입입니다. 그리고 바로 이 때문에 여러분은 스팀잇에 관심을 두어야 할 필요가 있는 것입니다.

2_ 수익 UP, 보안 UP 된 스팀잇

스팀잇은 가상화폐로 보상을 받고, 블록체인 시스템을 기반으로 사용하고 있어서 거래 시스템의 보안성도 높습니다. 이를 설명하기 위해 먼저 가상화폐와 블록체인 시스템이 어떤 것인지 간략히 알아보겠습니다.

(1) 암호화폐란?

현존하는 대표적인 암호화폐로는 비트코인이 있습니다. 비트코인은 물리적 형태로 존재하지 않는 온라인 가상화폐입니다. 페이팔이나 델 등의 기업들은 이미 비트코인 결제를 지원하고 있습니다. 얼핏 사이버머니와 비슷해 보이지만, 비트코인의 경우 블록체인이라는 기술을 바탕으로 하고 있다는 차별점을 가지고 있습니다.

(2) 블록체인은 무엇인가?

　은행 등 전통적인 금융 거래의 경우 거래 데이터를 중앙시스템에 모으기 때문에 해킹 당할 경우 잠재적 위험성이 매우 높습니다. 하지만 블록체인은 해킹의 위험이 거의 없습니다. 블록체인은 거래 데이터를 분산 저장하기 때문이죠. 분산 저장하면 보안수준이 높아질뿐더러, 해커가 해킹을 해서 얻는 이득도 줄어들게 됩니다.

　그 이유는 거래 데이터를 각각의 사용자들이 분산해서 저장하기 때문에, 한 명씩 일일이 해킹을 해도 해커는 큰 이득을 얻을 수 없기 때문입니다. 이처럼 분산 저장된 데이터가 체인을 이루는 것을 블록체인이라고 합니다.

3_가치가 계속 상승하는 가상화폐 비트코인과 스팀

앞서 말했던 가상화폐 비트코인과 마찬가지로 스팀(Steem)도 가상화폐의 일종입니다. 스팀은 앞으로 소개할 새로운 SNS 플랫폼 '스팀잇'에 글을 올리고 댓글을 달면 얻을 수 있는 가상화폐입니다. 스팀잇에서 사용하는 화폐인 스팀 달러(SBD)의 경우, 2017년 4월부터 본격적으로 오르기 시작해 현재 1스팀 달러(SBD)가 현재 원화로 10000원 선에 교환 됩니다.

이미 이전에 20000원을 돌파한 이력이 있었으며, 기존 금융 시스템보다 보안이 더욱 뛰어난 블록체인 기술을 기반으로 하기 때문에 이 가상화폐의 가치는 앞으로 더 올라갈 가능성이 높

▲ 1달러 당 비트코인(비트코인/KRW)시세의 변화 차트입니다. 2015년 7월만 해도 30만원 정도였던 가격은 최근 2000만원 선을 돌파했고, 2018년 1월 현재 1600만원에 가격을 형성하고 있습니다. (이미지 출처: https://www.worldcoinindex.com/coin/bitcoin)

▲ 미국 1달러 당 스팀 달러의 시세 변화 차트입니다.(SBD/KRW)

(이미지 출처: https://www.worldcoinindex.com/coin/bitcoin)

습니다. 눈치 빠르신 분들은 '이런 가상화폐를 미리 보유해두면 되겠다'라고 생각하실 것입니다. 이런 가상화폐는 현금으로 구입도 가능하지만, 컨텐츠를 게시하고 보상으로 받을 수도 있습니다. 2018년 현재 컨텐츠를 게시하고 보상으로 가상화폐를 받을 수 있는 곳은 '스팀잇(Steemit)'뿐입니다.

기존에는 수익을 내려면 자본이 필요했다. 보통 한국에서는 취업을 하지 않고 돈을 벌기 위해서는 창업 또는 투자를 해야 했습니다. 문제는 자본이 없는 사람은 시작조차 할 수 없다는 점인데요. 부동산 투자의 경우 적어도 1억은 있어야 비로소 투자할만한 물건의 종류가 확보되며, 주식 역시 코스닥 주 같은 중소형 주식이 아닌 대형 주식에 투자할 여력을 마련하려면 많은 양의 자본을 필요로 합니다.

다음 〈1-6〉그림에서 보시는 것처럼 프랜차이즈 창업도 마찬가지입니다. 조그마한 카페, 술집을 차리려고 해도 몇

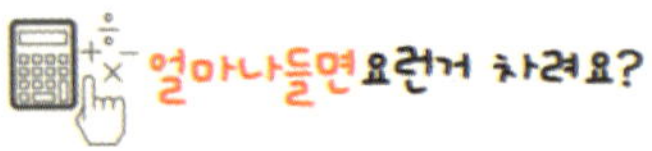

구분	내용	금액(만)	비고
가맹비	브랜드 사용권, 상권보호	300	
교육비	운영 Know-How 제공(조리 및 서비스)	200	
인테리어, DIY, 설치비	실내외 인테리어 및 DIY 가구, 의/탁자 일체	4,000만 내외	
주방시설 및 집기	튀김기, 냉장고, 컵세척기, 등 주방용품 일체	1,000	
합계		5,500내외	

(33m²(10평)기준, 단위:원/ VAT별도)

※ 별도공사 : 간판, 냉난방, 전기증설, 화장실, 파사드, 창고 등

〈그림 1-6〉 이미지 출처: 봉구비어 웹사이트

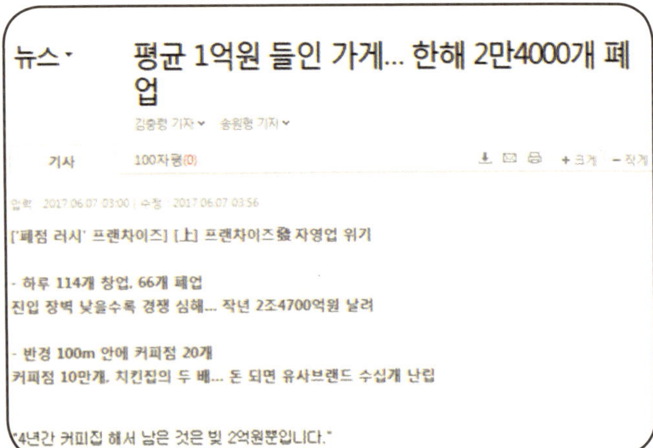
뉴스·
평균 1억원 들인 가게... 한해 2만4000개 폐업

김충령 기자 ⌄   송원형 기자 ⌄

기사   100자평(0)

입력 : 2017.06.07 03:00 | 수정 : 2017.06.07 03:56

['폐점 러시' 프랜차이즈] [上] 프랜차이즈發 자영업 위기

- 하루 114개 창업, 66개 폐업
진입 장벽 낮을수록 경쟁 심해... 작년 2조4700억원 날려

- 반경 100m 안에 커피점 20개
커피점 10만개, 치킨집의 두 배... 돈 되면 유사브랜드 수십개 난립

"4년간 커피집 해서 남은 것은 빚 2억원뿐입니다."

〈그림 1-7〉 프랜차이즈의 위기 기사

천에서 억대의 돈을 필요로 합니다. 큰 문제는 최근에는 창업을 하더라도 손해를 볼 확률이 매우 높아졌다는 것입니다. 우리나라의 경제성장 폭이 줄어들기 시작하며 매년 퇴직자는 늘어나고 있으며 청년 실업률도 매년 역대 최고 수치를 갱신하고 있어요.

퇴직자와 실업 청년들은 돈을 벌기 위해 투자 및 창업을 할 수밖에 없는데, 그 결과 경쟁은 더 심해지고 경쟁에서 도태되며 재정적 손실을 보게 될 확률은 더욱 높아집니다. 결국 가장 좋은 것은 자본 없이, 그리고 자본 잃을 위험 없이 수익을 창출하는 것인데, 때문에 주목 받는 것이 바로 스팀잇입니다.

자본이 필요 없는 수익 창출 플랫폼, 스팀잇

스팀잇은 게시물(글과 사진)을 올리면 이에 대한 보상으로 가상화폐(스팀 달러)를 벌어들일 수 있는 간단한 SNS플랫폼입니다. 벌어들인 가상화폐의 경우 가상화폐 거래소에서 현금으로 환전이 가능합니다. 시간이 흐를수록 스팀잇의 새로운 가입자는 급증하고 있는데요. 어떻게 스팀잇은 이토록 큰 인기를 끌게 되었을까요?

그 이유는 스팀잇에서는 글과 사진만 올려도 개인이 쉽게 돈을 벌 수 있기 때문입니다. 기존의 SNS플랫폼인 페이스북, 블로그, 인스타그램 등은 일정 수준의 팔로워 수를 모으지 못하면 수익을 내기가 매우 어려웠습니다. 수익 창출 경험과 노하우를 가진 수많은 업체들과 경쟁하며 개개인이 수익을 내는 것은 좀처럼 어려운 일이었습니다.

하지만 스팀잇은 상대적으로 수익을 내기가 아주 쉬운데,

가입 첫 날 게시물 작성을 통해 곧바로 수익을 낼 수 있을 정도입니다. 여기에 게시물 작성 이외에 다른 사람의 게시물을 읽고 투표를 함으로서 추가적인 수익을 발생시킬 수도 있습니다.

〈그림 1-8.a〉 스팀잇 이전 로고

〈그림 1-8.b〉 스팀잇 새로운 로고

5_쉽게 나의 일상을 공유하는 깨끗한 SNS

스팀잇이 가진 가장 큰 매력은 일상을 공유하고, 상업적 광고 없이도 깨끗한 환경에서 부수익까지 벌어들일 수 있다는 점일 것입니다. 몇 년 전까지만 해도 우리나라에서는 '카카오스토리'가 전 국민이 쓰는 SNS였습니다. 카카오스토리는 친구들과 친구를 맺고 소식받기 등을 하며 일상을 공유하는 시스템이었는데요.

어느 순간부터 이를 이용하는 업체들이 늘어나고 상품 판매 글이 많아지기 시작했고, 본래 목적인 '소통'이 어려워지는 상황이 만들어졌습니다. 결국 사람들은 하나 둘씩 카카오스토리로부터 떠나갔습니다.

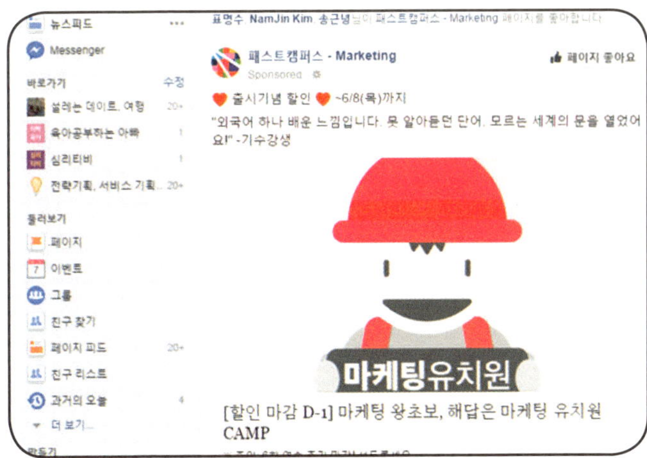

〈그림 1-9〉 카카오스토리를 떠나 페이스북으로 몰렸던 시대

UNFOLLOW MUTE		venti
UNFOLLOW MUTE		vimva
UNFOLLOW MUTE		vip
UNFOLLOW MUTE		waystobecalm

〈그림 1-10〉 스팀잇의 Follow Mute기능들

흐름은 페이스북으로 넘어갔고 사람들은 카카오스토리를 떠나 페이스북으로 몰리기 시작했습니다. 하지만 페이스북은 신규 가입자가 사용하기에 기능이 복잡했던 탓에 10대, 20대로 사용층이 편향되는 모양새를 띠게 되었습니다. 결과적으로 젊은 층만이 주로 사용하는 SNS플랫폼이 되었을 뿐 모두가 쉽게 사용하는 플랫폼이 되지 못했죠.

하지만 스팀잇은 현재 기본적인 소통방법이 쉽고, 상품글 도배도 막을 수 있습니다. 사진을 올리고 글을 써 호응을 받으면 보상을 받는 간단한 구조로 되어 있기 때문에 남녀노소 사용하기도, 수익을 내기도 쉽습니다. 여기에 스팀잇에서 보팅의 주체는 개인입니다.

특정 개인 및 업체가 상업적인 글을 도배할 경우 플래그(flag) 버튼을 통해 노출을 억제할 수 있어 특정 글로 도배되는 상황을 방지할 수 있습니다. 또 내가 팔로우하는 사람의 소식만을 볼 수도 있으며, 소식을 보고 싶지 않다면 mute 기능을 통해 해당 사람을 숨길 수도 있습니다.

2장

What is Steemit?

1_ 스팀잇이란?

1. 스팀잇이란?

스팀잇(Steemit)은 사람들이 글쓰기로 수익을 만드는 소셜 네트워크 및 컨텐츠 보상 플랫폼입니다. 내 게시물을 읽고, 내 게시물을 읽은 독자가 보팅을 하면 보상을 받을 수 있습니다. 이 책에서는 스팀잇 커뮤니티에서 어떻게 하면 수익을 내고 마케팅적 측면까지 폭넓게 활용할 수 있는지를 다룰 것입니다.

2. 스팀잇 기본 용어 정리

보팅	게시물을 읽고 좋은 게시물이라고 판단 될 경우 투표를 하는 것. 네이버블로그의 하트, 페이스북의 좋아요와 유사한 개념
팔로우	'구독'의 의미. 특정 유저를 팔로우 할 경우 해당 인물이 게시한 글이 나의 피드에 표시
팔로워	특정 유저를 팔로우하는 사람
태그	주제별로 구분하는 최소 단위. 스팀잇은 다른 커뮤니티들과 달리 별도 공간 구분 없이 태그만을 통해 주제 구분
리스팀	타인의 글을 내 블로그에 퍼오는 동시에 나의 팔로워들의 피드에 띄우는 기능
파워업/파워다운	스팀(steem)을 스팀파워로 바꾸는 것을 파워업, 스팀파워를 스팀으로 바꾸는 것을 파워다운이라고 합니다. 파워다운에는 13주가 소요되며 매 주 1/13씩 나눠 steem으로 지갑에 입금됩니다.

* 그 밖의 세부 단어 정리들은 네이버 스팀잇 코리아 카페(http://cafe.naver.com/batting2)에서 확인하실 수 있습니다.

3. 스팀잇의 화폐 단위

스팀잇을 하며 기본적으로 알아두어야 하는 단위는 총 세 가지입니다. 쓰이는 화폐는 스팀, 스팀달러 두 가지이며 스팀파워는 일종의 주식개념으로 사용됩니다.

(1) 스팀

스팀잇을 구성하는 가장 기본이 되는 화폐 단위입니다. 거래소에서 즉시 현금화가 가능한 가상화폐이며 파워업을 할 경우 스팀파워로 바꿀 수 있습니다. 스팀파워와의 교환비율은 1:1입니다.

(2) 스팀달러

스팀을 보조하기 위해 만들어졌지만, 사실상 스팀잇에서 가장 많이 사용되는 화폐 단위입니다. 거래소에서 즉시 현금화가 가능한 가상화폐이며, 글과 관련된 모든 보상이 스팀달러를 기준으로 산정됩니다. US달러 1달러 이하로 떨어지지 않게 설계되어있어 안전자산이라는 평가를 받기도 합니다. 글의 보팅란에 적혀있는 보상 역시 그 단위를 스팀달러로 하고있습니다.

(3) 스팀파워

엄밀히 말하면 화폐가 아닌 주식 개념입니다. 스팀잇 커뮤니티에 자신이 행사할 수 있는 영향력을 표시하는 지표로, 많이 가지고 있을수록 자신이 보팅했을 때 발생하는 금액이 커집니다. 스팀과 1:1 교환 비율로 바꿀 수 있습니다.

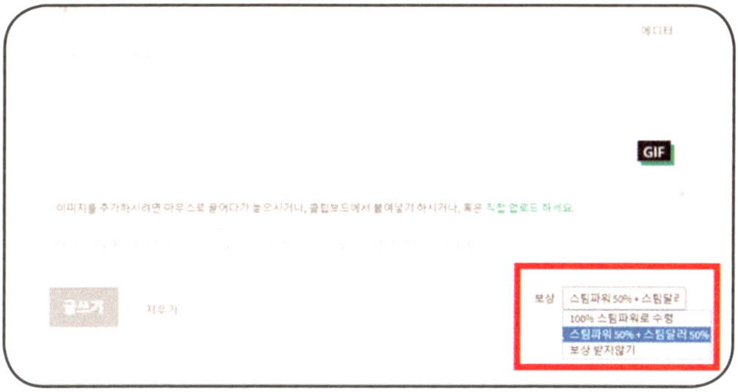

▲ 〈그림 2-1〉

4. 수익 창출 유형 및 분배 비율

스팀잇에서 수익을 창출하는 유형은 총 세 가지입니다.

(1) 게시글 작성

게시물을 작성하면 게시물의 독자들로부터 보팅을 받을 수 있습니다. 받게 되는 보팅 숫자에 따라 총 보상액이 산정되고, 이 중 75%를 게시자(저자)보상으로 돌려 받게 됩니다.

(2) 게시글에 보팅

다른 사람의 글에 보팅을 하게 되면, 해당 글의 총 수익금액에 비례하여 '큐레이션보상'을 별도로 받게 됩니다. 일반적으로 큐레이션 보상은 총 보상금액의 25%이며, 이는 보팅한 모든 사람들에게 스팀파워(Steem Power), 보팅시기 등에 따라 자동으

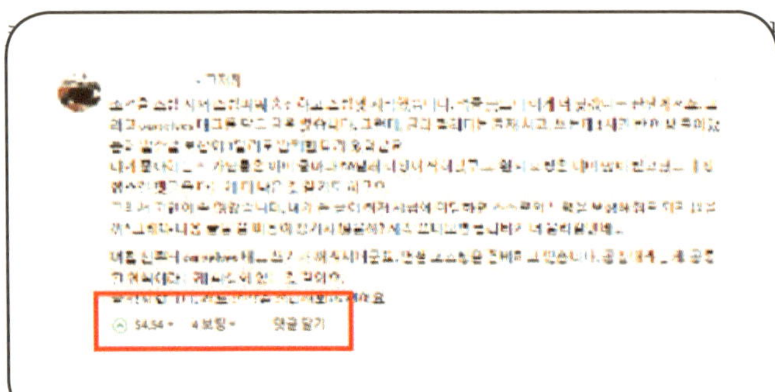

〈그림 2-2〉

로 나누어 배분됩니다. 스팀파워가 높으면 더 높은 비율을 보상
으로 돌려받을 수 있습니다.

(3) 댓글

스팀잇에서는 댓글도 일반 게시물과 동일하게 게시글 취급을
받습니다. 작성한 댓글이 맘에 들 경우 보팅을 받거나 할 수
있으며 (1), (2)번과 같은 원리로 수익이 배분됩니다.

5. 수익 창출 팁

(1) 소통 유도하기

다른 사람의 글에 댓글 달아 소통하면 보팅을 유도할 수
있습니다. 아직 팔로워(구독자)가 적고 명성(평판)이 적다면,
다른 사람의 게시물에 댓글을 달며 활동 하는 것이 좋습니다.
그러면 내가 게시물을 올렸을 때, 다른 사람이 보팅을 해줄
가능성이 높아집니다.

(2) 큐레이션 보상 극대화

게시물이 올라오고, 그 게시물에 대해 보팅을 하면 큐레이션 보상을 받습니다. 큐레이션 보상은 시간에 따라 보상금액이 달라집니다.

★ 게시물 업로드 후 30분 이후 보팅을 할 경우

게시물 저자가 75%, 보팅한 큐레이터들이 25%를 가져갑니다.

★게시물 업로드 후 30분 이전 댓글 보팅

30분 이전에 보팅이 이뤄지면 시점이 이를수록 더 많은 페널티가 큐레이터에게 부과됩니다. 다시말해 내가 받을 큐레이션 보상의 일부를 작가에게 나눠주게 되는 셈이죠. 큐레이션 보상을 원한다면 30분이 지난 시점에 보팅하는 것이 유리합니다.

3장

How
to
Steemit?

1_ 스팀잇가입하기

　스팀잇을 시작하려면 스팀잇부터 가입하고 시작해야겠죠? 최근에 스팀잇 가입이 갈수록 까다로워지고 있습니다. 플랫폼이 점점 성숙해져 감에 따라서 앞으로 가입절차는 더 까다로워 질거라 생각합니다. 다음장부터 스팀잇 가입을 어려워 하시는 분들을 위해서 사진으로 하나씩 설명해드리도록 하겠습니다.

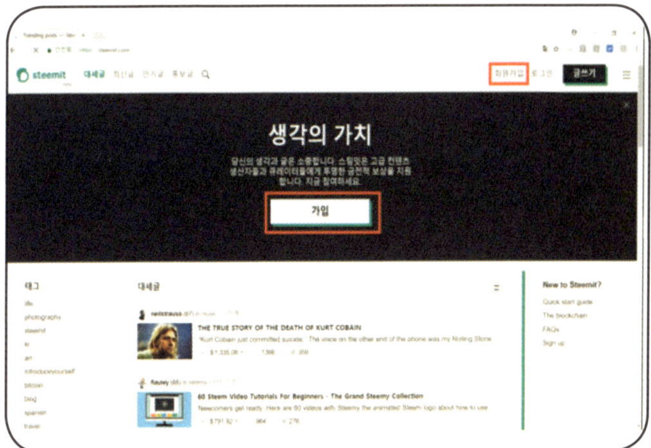

〈그림 3-1〉 steemit.com의 메인 화면을 띄워놓고 상단의 [회원가입] 또는 중앙 [가입]링크를
클릭하십시오.

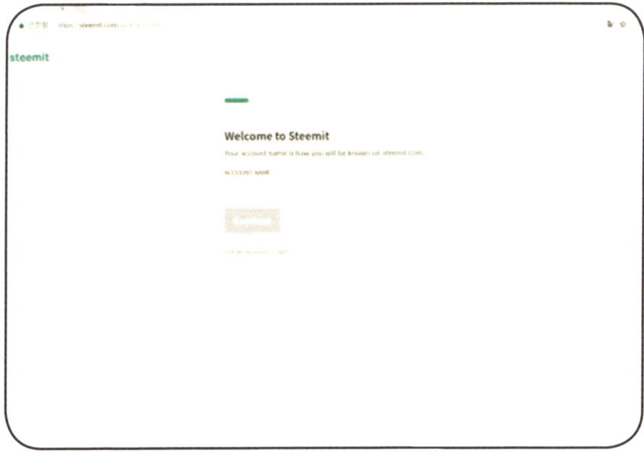

〈그림 3-2〉 account name(내 계정 이름)을 입력합니다. 이 이름이 여러분이 사용할 닉네임이
니 신중하게 선택하시길 바랍니다. worldinmyheart, venti 등

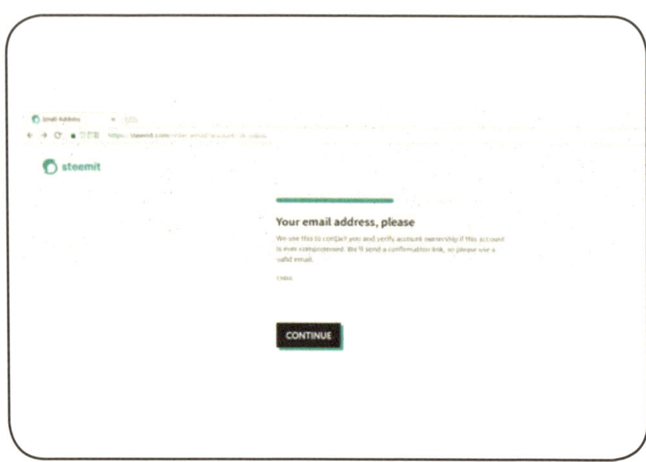

〈그림 3-3〉 이메일 주소가 필요합니다. 이는 인증받을 때 쓰이므로 신중하게 고르셔야합니다.

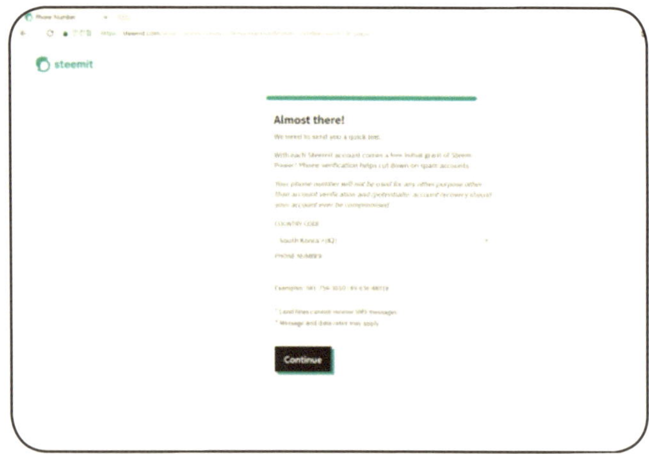

〈그림 3-3〉 휴대전화번호가 필요합니다. 이는 스팸 계정의 생성을 방지하기 위함입니다.
[continue]를 누르시면 입력한 핸드폰 번호로 인증번호 다섯 숫자가 옵니다.

Thanks for confirming your phone number!

You're a few steps away from getting to the top of the list. Check your email and click the email validation link.

After validating your sign up request with us we'll look it over for approval. As soon as your turn is up and you're approved, you'll be sent a link to finalize your account!

You'll be among the earliest members of the Steemit community!

〈그림 3-5〉 이 절차가 완료되면 위와 같은 메시지가 보입니다. 이제 가입 당시 사용한 이메일의 메일함에 들어가 인증 메일이 왔나 확인해봅니다. (스팸메일함으로 오는 경우도 있으니 꼭 체크해줍니다)

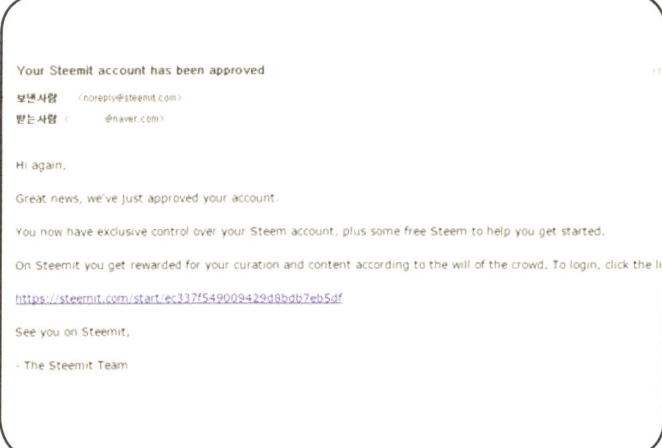

〈그림 3-6〉 다음과 같은 메일이 내 이메일로 전송됩니다. 이메일 내용 안의 링크를 클릭하시면 이제 스팀잇 회원으로 활동할 수 있게 됩니다.

Thanks for confirming your email!

After validating your sign up request with us we'll look it over for approval. As soon as your turn is up and you're approved, you'll be sent a link to finalize your account!

You'll be among the earliest members of the Steemit community!

〈그림 3-7〉 메일을 통해 인증을 완료하면 위와 같은 메시지가 뜨면서 가입신청이 완료됩니다.

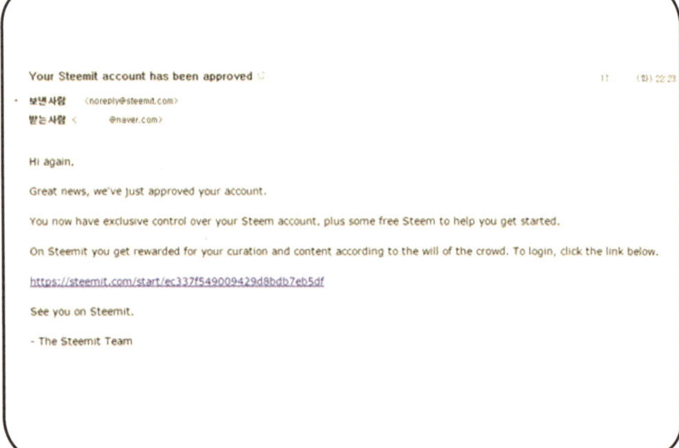

〈그림 3-7〉 최종 승인되면 다음과 같은 메일이 전송됩니다. 이메일 내용 안의 링크를 클릭하시면 마침내 스팀잇 회원으로 활동할 수 있게 됩니다

2_ PC에서 사용 방법

(1) PC에서의 사용 방법

이번장에서는 PC에서 스팀잇을 활용하는 방법에 대해서 배워보도록하겠습니다. steemit.com으로 접속한 후 가입한 스팀잇 계정으로 로그인해서 게시물 작성 및 관리를 합니다.

〈그림 3-8〉

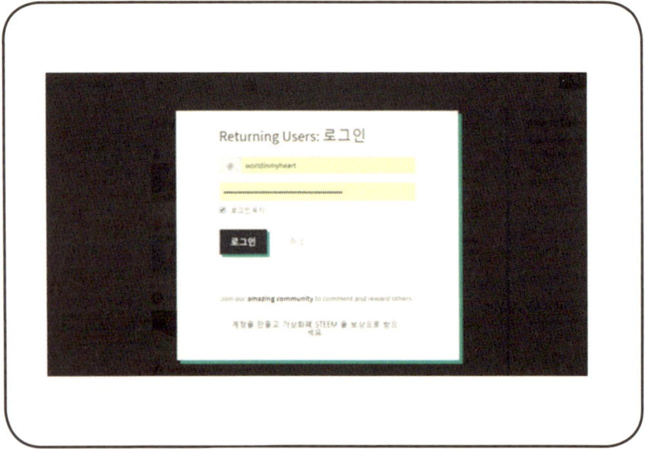

〈그림 3-8〉

2_ 모바일에서의 사용 방법

(1) 모바일에서 사용 방법

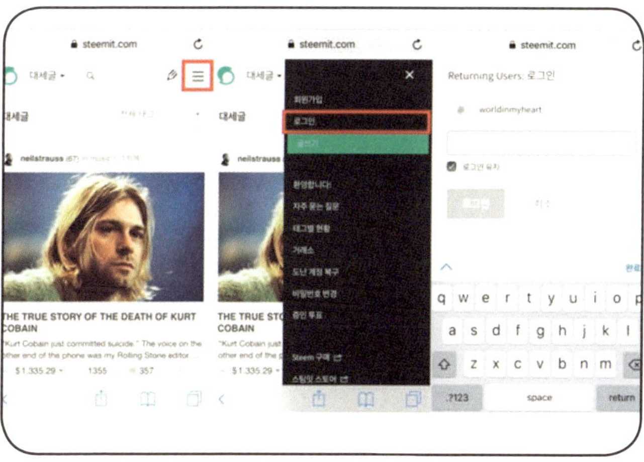

〈그림 3-9〉

3_ 메인 화면 버튼 설명

아래의 스팀잇 메인 화면을 보시면 대세글, 최신글, 인기글,
홍보글 그리고 태그 버튼이 있습니다

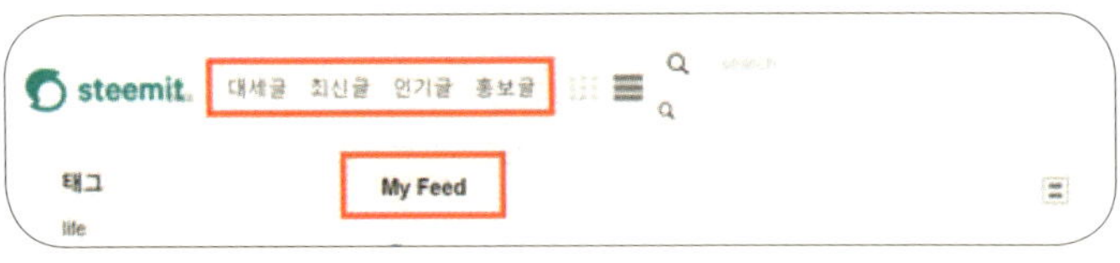

〈그림 3-12〉

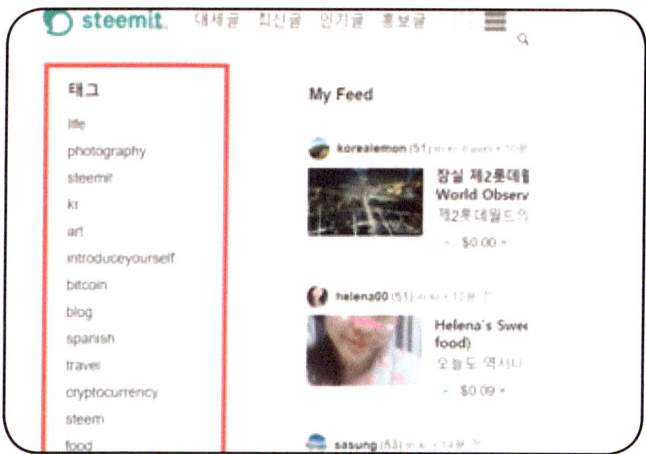

〈그림 3-13〉

My Feed	내가 팔로우하는 계정에서 업로드한 가장 최근의 게시물이 보여지는 공간입니다
대세글	많은 보팅을 받은 게시물이 보이는 공간입니다.
최신글	최신글에는 선택한 태그의 게시물이 시간 순서대로로 정렬됩니다
인기글	내가 선택한 태그의 게시물 중 현재 가장 인기가 많은 게시물이 보이는 공간입니다
홍보글	Steem Dollar를 지불해서 내 게시물을 더 많이 노출시키는 홍보 공간입니다
태그	글의 카테고리를 구분하는 지표입니다. 스팀잇은 태그를 통해 커뮤니티가 구분됩니다.
통합검색	상단의 돋보기 버튼을 눌러서 아이디 및 게시글 제목을 검색하면 쉽게 내가 원하는 글을 찾을 수 있습니다.

▲ 모바일 스팀잇에서 검색(search)버튼을 눌러 아이디를 검색하는 모습

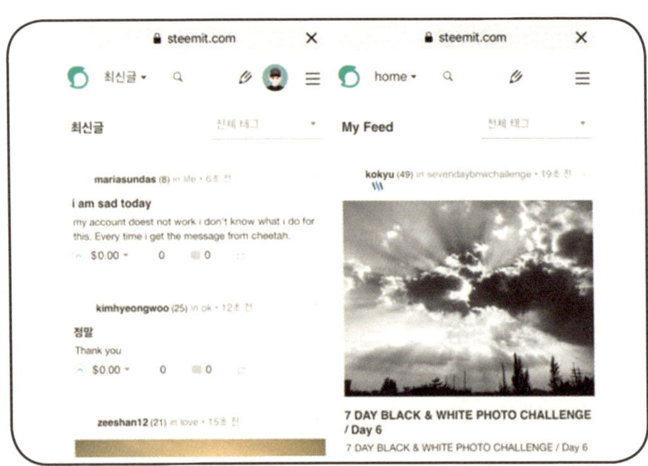

〈그림3-16〉

▲ 내가 팔로우 하지 않는 스팀잇 회원의 최신 글 / 내가 팔로우 하는 사람의 게시글

: new를 선택하면 팔로우 여부에 상관없이 모든 스팀잇 회원들의 최신 글을 볼 수 있습니다.

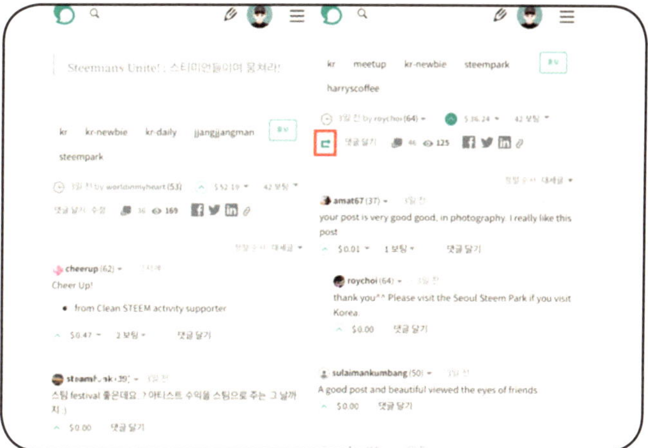

〈그림3-17〉

▲ 글을 올렸을 때 팔로워의 반응 / 스팀잇의 게시물 공유(resteem)도 가능합니다.

4_ 세부 메뉴 상세 설명

Steemit.com 메인 페이지의 오른쪽 상단 모서리에 있는 프로필 이미지를 클릭하여 계정 메뉴로 이동할 수 있습니다. 계정 메뉴는 피드, 블로그, 작성한 댓글, 받은 댓글, 지갑, 야간모드, 비밀번호 변경, 설정, 로그아웃으로 구성되어 있습니다.

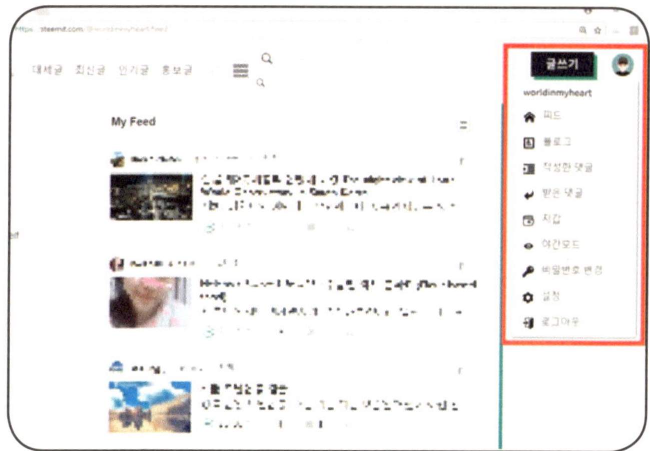

〈그림3-18〉

▲ 글을 올렸을 때 팔로워의 반응 / 스팀잇의 게시물 공유(resteem)도 가능합니다.

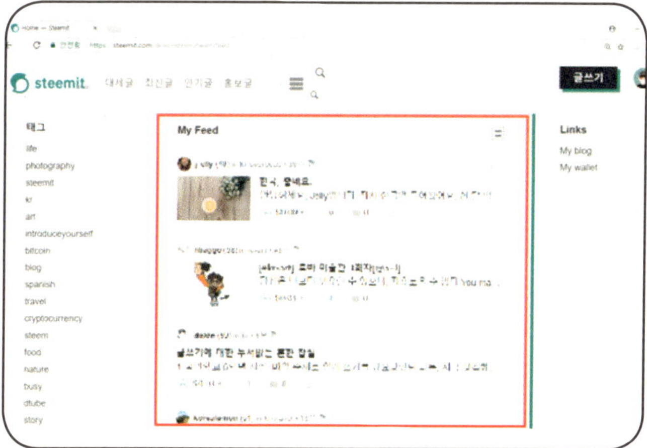

그림3-19

▲ 피드 – 내가 팔로우하는 사람들의 최신 소식을 볼 수 있는 곳입니다.

〈그림3-20〉

▲블로그 – 내가 포스팅한 게시물과 공유한 게시물(리스팀)을 한번에 볼 수 있는 곳입니다.

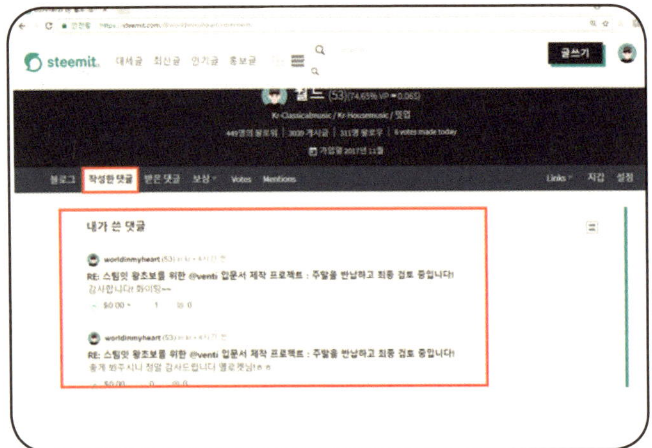

그림3-21

▲ 작성한 댓글 – 내가 작성한 모든 댓글을 볼 수 있습니다.

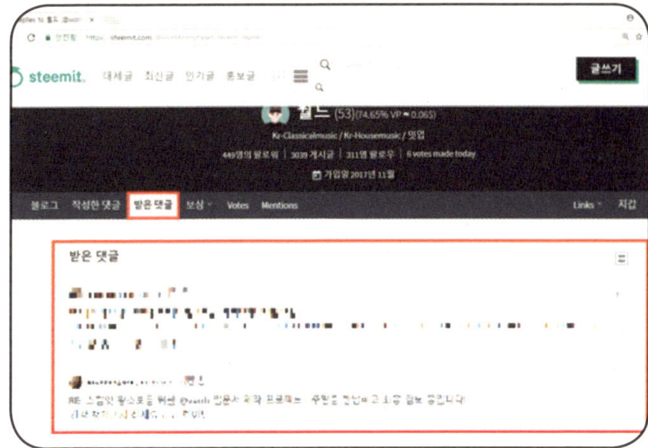

〈그림3-22〉

▲받은 댓글 – 다른 사용자가 내 게시물 및 댓글에 달아준 댓글을 볼 수 있는 곳입니다

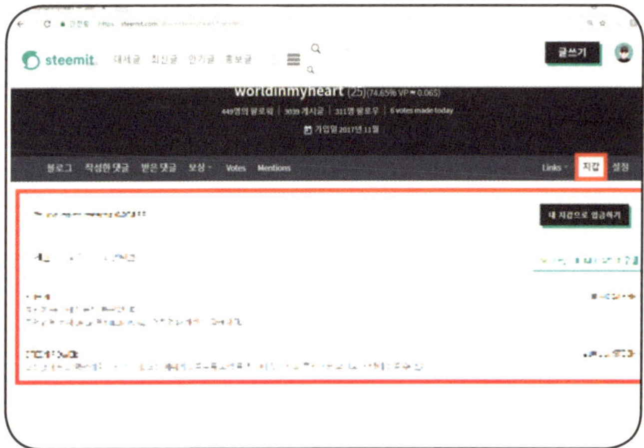

그림3-23

▲ 지갑 – 나의 스팀, 스팀파워, 스팀달러 보유 상황을 확인할 수 있습니다. 지급된 보상을 지갑에 넣을 수 있는 버튼도 마련되어있습니다([내 지갑으로 입금하기])

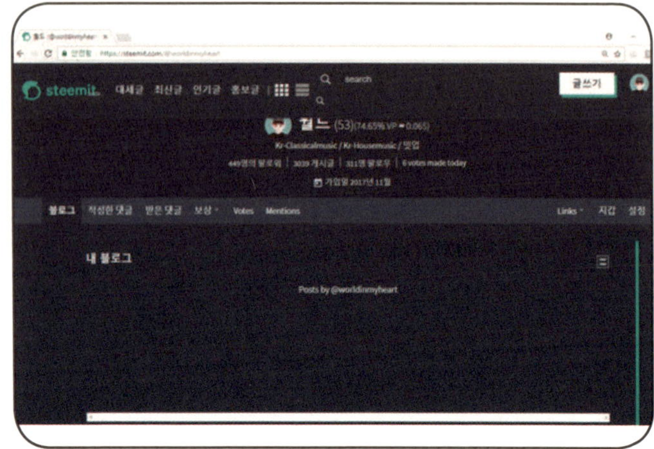

〈그림3-24〉

▲야간모드 – 화면의 테마를 아래와 같이 어둡게 바꿀 수 있습니다

〈그림3-25〉

▲ 비밀번호 변경 – 비밀번호를 변경할 수 있는 메뉴입니다

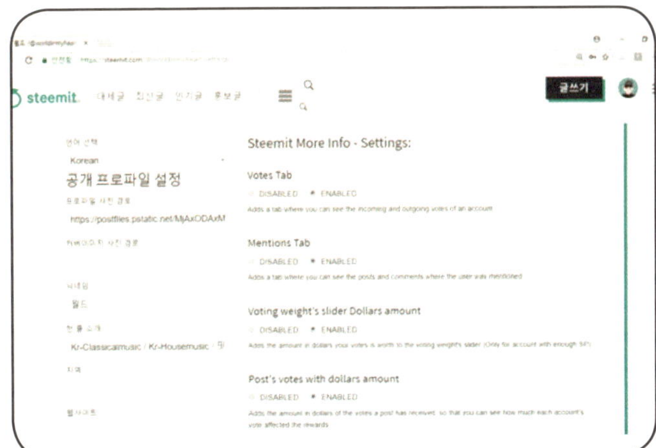

〈그림3-26〉

▲ 설정 – 계정 전반의 기능(프로필사진, 닉네임 등)을 설정할 수 있는 곳입니다

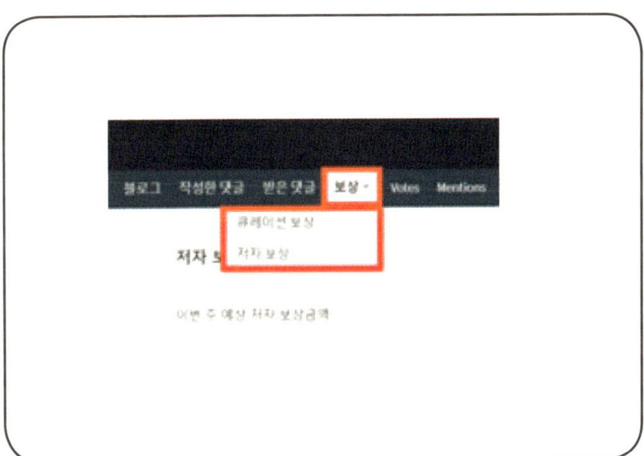

〈그림3-27〉

▲ 보상 – 내가 받은 보상 및 받을 예정인 보상을 모두 확인할 수 있습니다

저자보상	게시글 포스팅을 통해 얻은 보팅을 토대로 얻는 보상입니다
큐레이션 보상	게시글에 대한 보팅(큐레이팅)을 통해 얻는 보상입니다
Votes	나와 연관된 모든 보팅을 모아볼 수 있습니다
Incoming	내가 받은 보팅
Outgoing	내가 한 보팅
Both	Incoming과 Outgoing 함께 띄우기

〈그림3-28〉

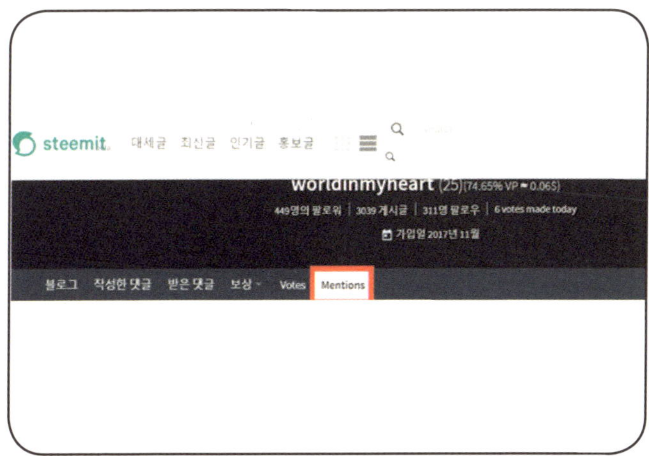

그림3-29

▲ Mentions – 나의 아이디가 태그된 내역을 모두 보여줍니다.

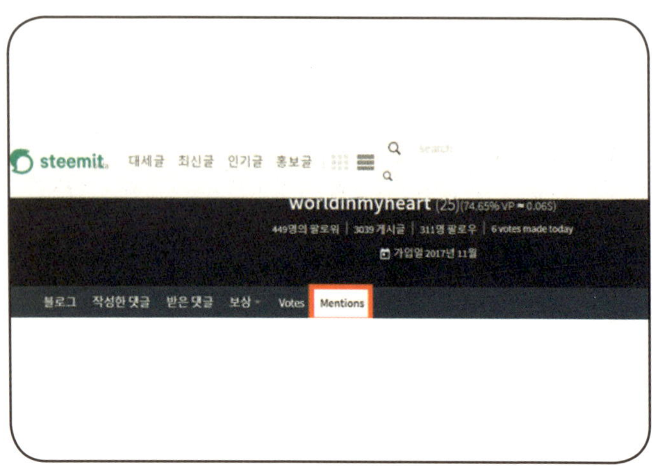

〈그림3-29〉

▲ Links – 스팀잇 활동을 도와주는 여러가지 유틸리티 사이트들의 링크가 모여있습니다.

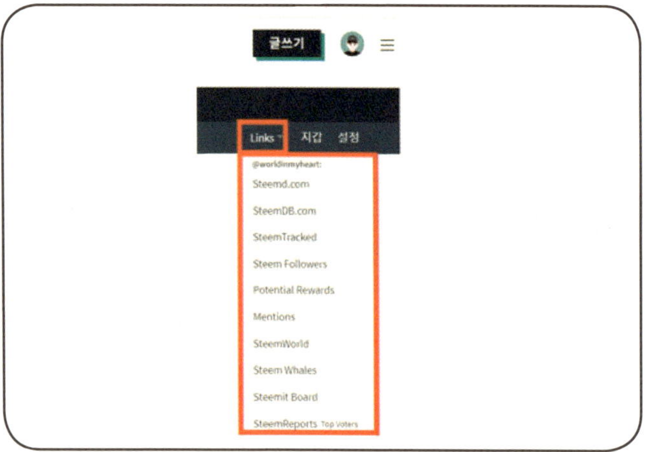

〈그림3-30〉

▲ 권한 – 스팀잇 이용을 위한 용도별 네 가지 비밀번호가 있습니다

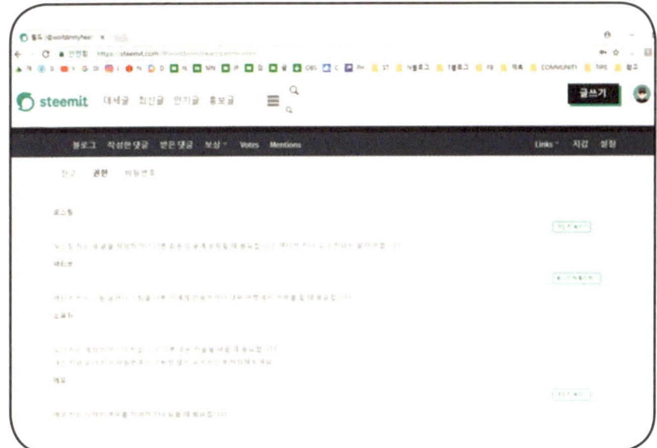

〈그림3-31〉

▲ 권한의 네 가지 키의 역할은 각각 다음과 같습니다 :

포스팅키 : 새 글을 작성하거나 다른 회원의 글에 보팅할 때 필요합니다.

액티브키 : 스팀 달러나 스팀을 다른 이에게 전송하거나 내부마켓에서 거래할 때 필요합니다.

소유자(오너키) : 마스터키입니다.

메모키 : 사적인 메모를 작성하거나 읽을 때 필요합니다.

이 네 가지의 키가 유출 될 경우, 게시물을 작성하고 얻은 보상을 잃거나 그 밖의 막심한 손해를 입게될 가능성이 높습니다. 절대 유출시키지 않도록 조심하시기 바랍니다. 남에게 어떤식으로든 보여주어선 안됩니다. 잃어버리면 복구가 아주 어려우므로 오프라인에 많이 저장해두시기 바랍니다.

5_ 프로필 설정 방법

처음에 스팀잇 내 프로필 화면에 가보면 프로필 사진 부분이 비어있고 회색 동그라미로 나오는데요. 이번에는 프로필을 내가 원하는 이미지로 채우는 방법을 소개하겠습니다.

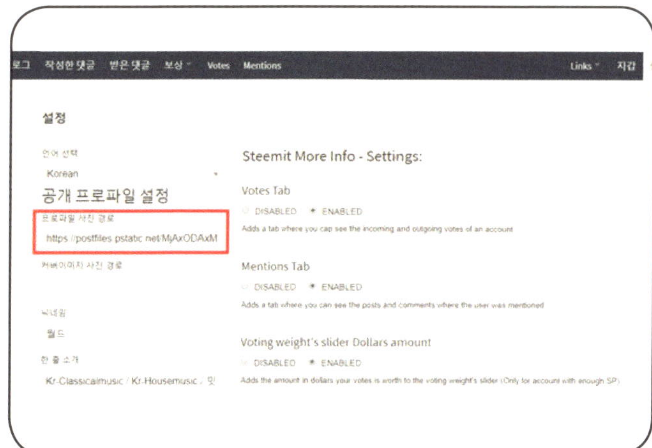

〈그림3-32〉

▲[설정]의 [프로파일 사진 경로] 부분에 이미지의 주소를 복사해서 붙여넣기 하시면 되는데요.

〈그림3-33〉

▲ 이를 위해 먼저 블로그에 내가 프로필 이미지로 하고 싶은 이미지 1개를 업로드해줍니다.

〈그림3-34〉

▲이 때 공개 설정은 비공개로 설정하신 뒤, 글을 발행하시면 됩니다.

〈그림3-33〉

▲ 그러면 아래와 같이 블로그에 이미지가 올라가는데, 이미지를 우클릭하신 후 이미지 주소 복사를 눌러줍니다.

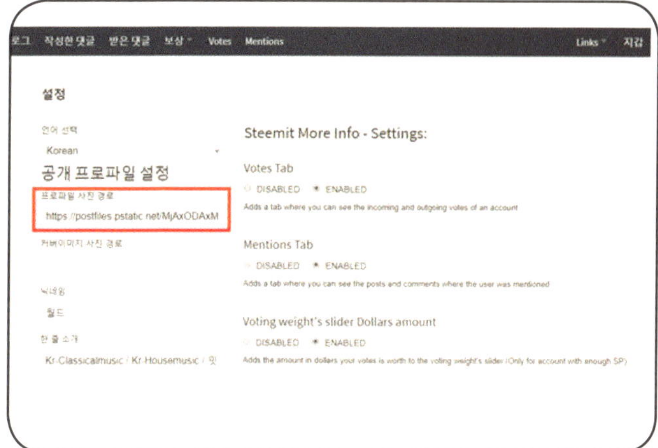

〈그림3-36〉

▲그 다음 아래와 같이 [프로파일 사진 경로] 부분에 ctrl+v(붙여넣기) 하시면 됩니다.

〈그림3-37〉

▲ 그러면 위와 같이 프로필 이미지 설정이 완료됩니다

6_ 글작성방법

〈그림3-38〉

▲ 스팀잇은 pc에서 게시물 작성이 가능합니다. (프로필 왼쪽의 [글쓰기] 버튼 클릭)

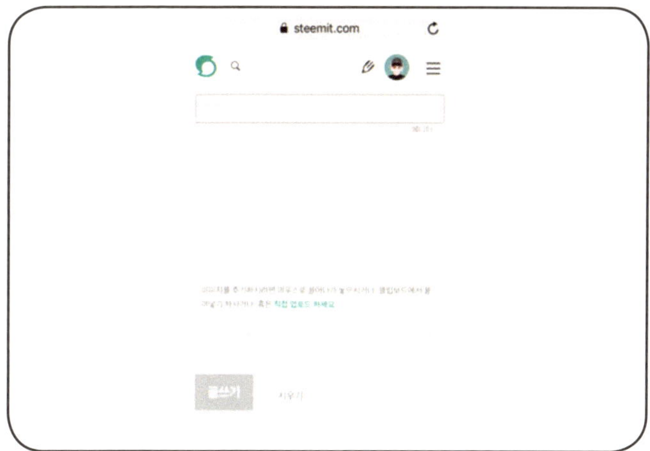

〈그림3-39〉

▲스팀잇은 모바일에서도 게시물 작성이 가능합니다. (프로필 왼쪽의 연필 버튼 클릭)

〈그림3-40〉

▲ 글자 크기는 에디터를 사용해서 쉽게 변경할 수 있습니다. 에디터 버튼을 누르면 에디터가
markdown으로 바뀝니다.

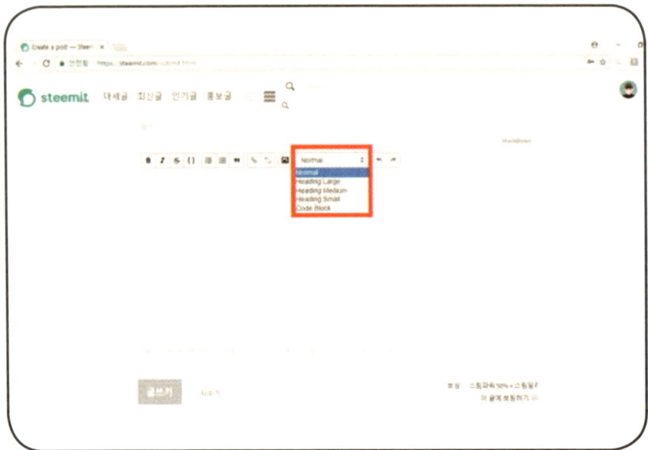

〈그림3-41〉

▲ 글자크기 조정은Normal, Heading Large, Heading Medium, Heading Small으로 할 수 있습니다. Code Block은 글자 부분에 블록 처리를 하는 것입니다.

7_ 사진 올리는 법

▲편집기 하단 파란색 글씨인 [직접 업로드 하세요]링크를 클릭하면 내 컴퓨터에서 이미지를 업로드 할 수 있습니다.

〈그림3-42〉

▲편집기에서 하단 파란색 글씨인 [직접 업로드 하세요]링크를 클릭하면 내 컴퓨터에서 이미지를 업로드 할 수 있습니다.

〈그림3-43〉

▲ 다른 SNS채널에 올린 이미지를 오른쪽 버튼으로 클릭하면 '이미지 주소 복사' 버튼이 있습니다. 이 것을 클릭해서 이미지의 웹 주소 (URL)를 편집기에 붙여 넣으면 사진 추가

8_ 동영상 올리는 법

유튜브 같은 동영상 사이트에서 동영상을 가져와서 게시물과 같이 올리고 싶은 경우가 있습니다. 이 때는 동영상의 주소를 복사해서 아래 이미지처럼 게시글 안에 붙여넣기 하시면 됩니다.

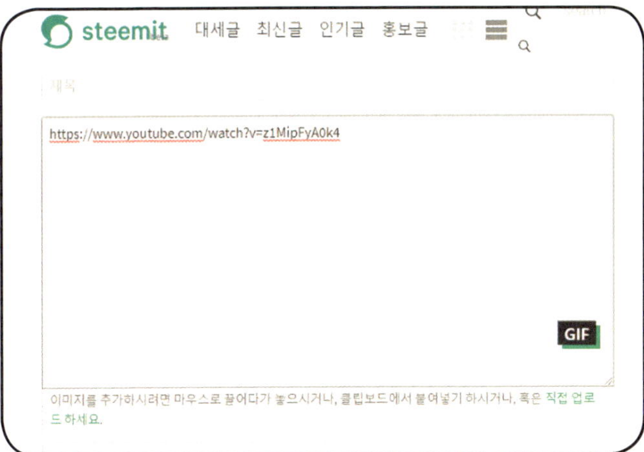

〈그림3-44〉

▲그러면 미리보기(preview)이미지가 보입니다. 이 부분을 통해 동영상이 잘 들어갔는지 확인할 수 있습니다.

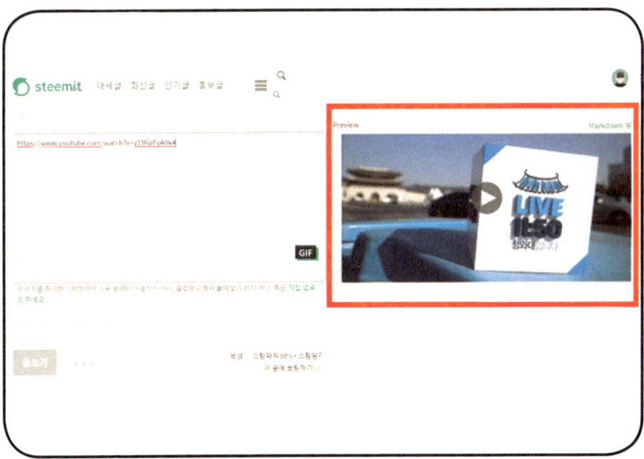

〈그림3-45〉

▲ 그리고 글쓰기 버튼을 눌러 게시물과 함께 업로드 하시면 됩니다.

9_ 태그 작성 방법

    태그가 게시물과 관련성이 높을수록 게시물을 좋아할만한 사람들에게 노출됩니다. 선택할 때 주의하셔야 될 점은 게시물과 태그에 연관성이 있어야 한다는 것입니다. 태그가 작성한 게시물과 관련이 없다면 작성한 게시물은 허위 신고(플래그)를 받거나 다운보팅을 받을 수도 있습니다.

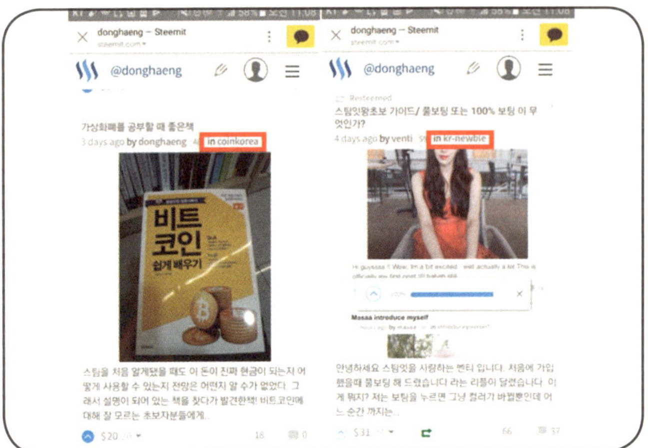

〈그림3-46〉

▲가상화폐의 경우 coinkorea 태그 사용 / 왕초보 가이드의 경우 kr-newbie태그 사용.

모든 태그는 소문자여야 합니다. 공백은 허용되지 않지만 하이픈(-)이 하나 있는 단어는 허용됩니다. 게시물 당 최대 5개의 태그를 사용할 수 있으며 여러 태그를 사용하고 싶다면, 태그와 태그 사이에 스페이스 바를 누르면 됩니다.

10_ 게시물 작성 시 주의할 점

(1) 권장 포스팅 개수

게시물 작성은 하루에 자신이 원하는 만큼 할 수 있으며 업로드의 경우 5분 간격으로 가능합니다. 그러나 권장 포스팅 개수는 하루에 1~4개의 게시물이며 그 이상을 포스팅할 경우 게시판이 내 글로 도배가 될 가능성이 있습니다.

인기 태그의 개수가 적은데 한 사람이 게시물을 하루에 너무 많이 올리면 다양한 게시물이 노출되지 않을 가능성이 높으며, 사람들에게 안 좋은 인상을 심어줄 수 있습니다.

(2) 글자수

글자 수는 약 64,000 자로 제한됩니다. 하지만 64,000자면
웬만한 글은 충분히 쓸 수 있는 양입니다.

(3) 저작권

스팀잇이나 어떠한 플랫폼에도 타인의 글(기사, 블로그
등)을 퍼올 때는 저작권에 유의하셔야합니다. 블록체인의 경우
한번 작성되면 흔적이 지워지지 않기 때문에 더더욱 주의를
기울이셔야합니다.

11_ 보팅방법

〈그림3-47〉

▲500 스팀파워 미만 : 처음에 가입 했을 때 '풀보팅 해 드렸습니다' 라는 댓글을 봤습니다. 저는 그때 초보자였기에 보팅을 하면 컬러가 하얀색에서 파란색으로 변했습니다.

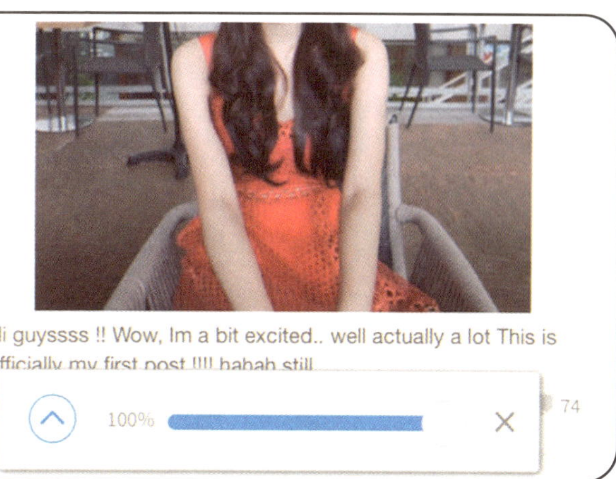

〈그림3-48〉

▲초보자 보팅 전 / 초보자 보팅 후 조절바가 표시되지 않았기 때문에 도대체 그것이 무엇인지
궁금했었습니다.

(2) 500 스팀파워 이상

스팀파워가 500을 넘어가니 그 때부터는 위의 사진처럼 보팅을 조절 할 수 있게 되었습니다.
적당한 게시물과 더불어, 활발한 소통 및 보팅을 하시면 언젠가 더 많은 스팀파워를 얻을 수 있
겠죠?

(1) 보팅 수익으로 100만원 만들기

한 달 수익 100만원은 상대적으로 낮은 편에 속합니다. 하지만 부업으로 한 달에 100만원을 벌어들이며 인맥까지 넓힐 수 있다면 이는 말 그대로 일석이조입니다. 방법은 간단합니다. 초반 2~3주 정도는 매일같이 성실하게 좋은 글과 정보를 포스팅합니다.

이와 함께 다른 회원들의 블로그를 찾아가 꾸준히 소통하며 보팅하고, 팔로워를 만들면 그 모든 것이 나의 자산이 됩니다. 처음에는 내 게시물에 반응이 별로 없지만, 그렇게 한 달만 꾸준히 해주시면 나의 인지도를 높임과 동시에 평판이 좋아지며 조금씩 변화가 찾아오기 시작합니다.

이 때부터는 내 게시물에 댓글이 서서히 많아지고, 내 게시물에 보팅하는 사람들이 늘어납니다. 그리고 위 과정을 반복하는 정성을 보일수록 방문하는 사람이 더욱 많아집니다. 결과적으로 수익은 자연스럽게 상승하고 스스로도 동기부여가 되는, 바람직한 선순환 구조가 형성됩니다.

(2) 사업에 연계하여 100만원+@ 만들기

식당이나 카페 등의 오프라인 사업체를 가지고 있는 사람이라면 팔로워를 늘려놓는 것이 특히 큰 도움이 될 수 있습니다. 평소 자신의 매장에서 일어나는 사연들을 지속적으로 올리며 친분을 쌓아가면 스티미언들의 방문을 유도할 수 있으며 밋업 등의 이벤트를 진행해볼 수도 있습니다. 또 먹스팀(#muksteem)을 통해 전국 맛집 지도에 등록을 해볼 수도 있습니다.

〈그림3-49〉

최근 이벤트를 진행한 뚝섬의 카페 Harry;s Coffee의 사례만 보아도 그렇습니다. 글에 응원댓글을 적어 스티미언들에게 무료 음료를 증정하는 이벤트를 진행하였는데 카페 홍보와 더불어 보팅 수익 또한 추가적으로 발생시킬 수 있었을 것이라 생각합니다.

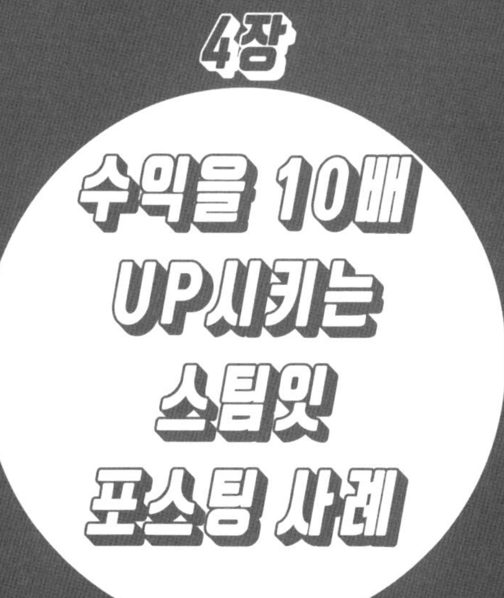

4장
수익을 10배
UP시키는
스팀잇
포스팅 사례

1_ 가입인사

　스팀잇 입문자의 경우 10달러 이상이 나오면 수익이 많이 나왔다고 할 수 있습니다. 실제 익숙하지 않은 상태에서 게시물을 올리면 보상이 거의 나오지 않는 경우가 많은데, 아래의 사례들을 참고해서 수익 증진에 활용해보시면 좋습니다.

〈그림 4-1〉

▲가입인사 글의 경우 명성이 높은 기존의 스팀잇 회원들이 보팅을 많이 해주시는 편이며 간혹 리스팀을 해주시는 경우도 있습니다. 이는 신입 환영 차원이라고 볼 수 있습니다.

〈그림 4-2〉

▲ 자신의 이야기를 솔직하게 담아내면 더욱 더 많은 사람들의 공감을 이끌어낼 수 있고, 이는 곧 보팅으로 직결됩니다.

2_ 스팀잇 발전을 위한 노력

아직 스팀잇이라는 커뮤니티는 초창기에 해당되는 만큼 기능, 명성 면에서 발전의 여지가 많이 남아있는 플랫폼입니다. 사람들에게 스팀잇을 알리고, 스팀잇의 발전 방향에 대한 의견 등을 공유하는 글은 타 유저들의 공감을 더욱 깊게 이끌어낼 수 있는 효과를 가집니다.

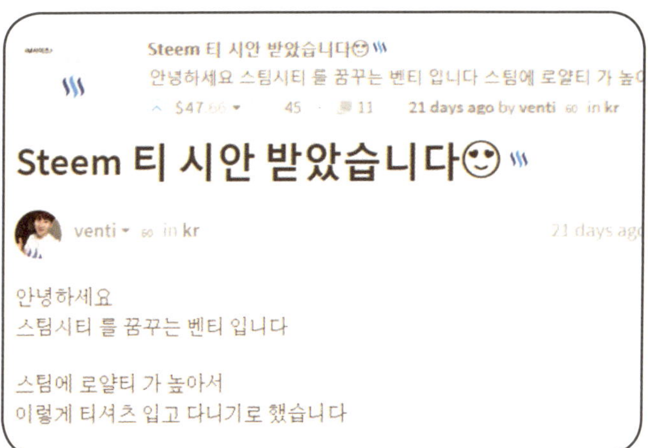

〈그림 4-3〉

▲ 스팀잇 티셔츠를 직접 제작하여 입고 다니며, 이를 통해 스팀잇을 대중에 홍보하고자 했습니다.

〈그림 4-4〉

▲ 기존에 운영 중이던 타 플랫폼에 연결시켜 더욱 큰 홍보효과를 도모 하였습니다. 많은 스팀잇 유저분들이 필요성을 공감하고 보팅을 해주셨습니다.

3_ 스팀잇 초보자에게 도움이 되는 글

화폐는 사용하는 사람이 많을수록 가치가 올라갑니다. 결국 스팀잇으로 유입되는 회원이 많을수록 스팀달러를 보유 중인 스팀잇 회원들에게 이로워질 것입니다. 스팀잇 초보자를 위한 정보들이 많아진다면 이들이 이탈하지 않고 쉽게 적응할 수 있게 됩니다. 때문에 초보자에게 도움이 되는 글은 일반적으로 보팅을 많이 받는 편입니다.

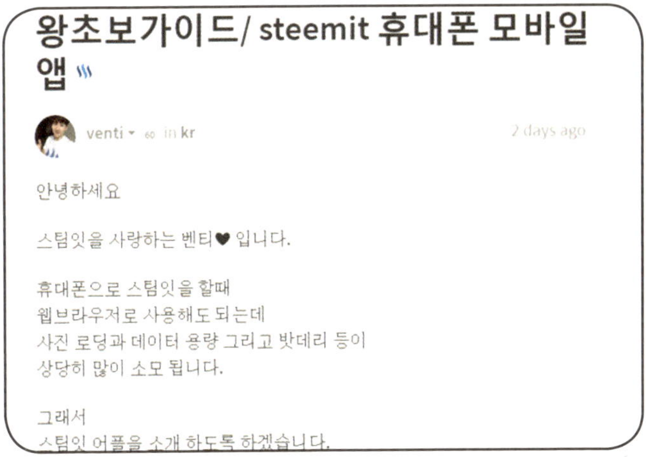

왕초보가이드/ steemit 휴대폰 모바일 앱

venti 60 in kr 2 days ago

안녕하세요

스팀잇을 사랑하는 벤티♥ 입니다.

휴대폰으로 스팀잇을 할때
웹브라우저로 사용해도 되는데
사진 로딩과 데이터 용량 그리고 밧데리 등이
상당히 많이 소모 됩니다.

그래서
스팀잇 어플을 소개 하도록 하겠습니다.

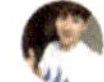

〈그림 4-5〉

▲ 처음 가입했을 때 스팀잇 어플을 알지 못하는 분들을 위해 그 소개글을 포스팅으로 작성하였습니다.

스팀잇왕초보 가이드/ 풀보팅 또는 100% 보팅 이 무엇인가?

venti 60 in kr-newbie 9 days ago

안녕하세요
스팀잇을 사랑하는 벤티 입니다.

처음에 가입 했을때

풀보팅 해 드렸습니다
라는 리플이 달렸습니다.

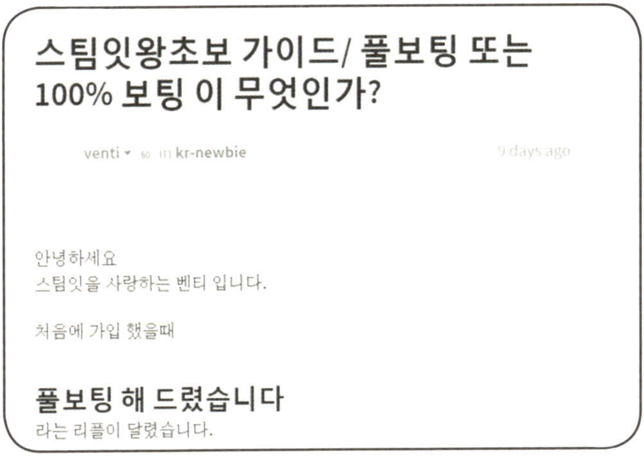

〈그림 4-6〉

▲ '풀보팅'과 같이 스팀잇에서 많이 쓰이지만 초보자는 알기 어려운 말들을 설명하는 포스팅을 적어보는 것도 좋습니다

4_ 자신의 경험담

　　퍼온 글이 아닌 실제 개인의 경험담을 올리는 경우 보상을 많이 받을 수 있습니다. 진솔하게 자신의 삶을 이야기하는 사람은 주변인의 공감을 이끌어내기 때문입니다.

〈그림 4-7〉

▲ 자신이 하는 일과 관련된 경험담을 풀어내면 사회 초년생 유저들에게 여러 가지 좋은 팁을 건네줄 수 있습니다.

〈그림 4-8〉

▲ 제가 직접 실천한 일들을 사진과 함께 일화형식으로 풀어내보았습니다. 경험에 공감하며 읽게 되기 때문에 보팅을 많이 받는 편입니다.

5_ 자신의 노하우 글

　비단 스팀잇 뿐 아니라 자신이 일상생활에서 활용하는 여러 가지 좋은 팁을 포스팅 해보는 것도 아주 좋습니다. 타인의 편의 또는 발전을 위해 노하우를 공유하는 선행인 만큼 많은 사람들의 호응과 더불어 공감을 이끌어내는 효과를 볼 수 있기 때문입니다. 특정 서비스 이용이나 건강 꿀팁부터 멀리는 생각하는 방식까지 그 범위는 원하는 대로 잡을 수 있습니다.

〈그림 4-9〉

▲ 역사책을 읽을 때 제가 생각하고 실천하는 팁을 적었습니다. 이후 역사책을 읽을 다른 유저 분들이 참고할 수 있게 세세하게 이야기하듯 포스팅 하였습니다.

〈그림 4-10〉

▲ 사람들이 많이들 공통적으로 고민하는 사안에 대해 노하우를 공유하는 글도 '좋은 글'로 분류됩니다. 위 글은 비밀번호 관리 방법처럼 일상 생활 속에서 자주 마주하게 되는 문제점에 대한 해결책을 나눠본 글입니다.

6_ 효도, 선행

효도, 선행과 같이 사람들의 마음을 따뜻하게 만들어준다면 보팅으로 보상받을 수 있습니다. 결과적으로 나눔을 실천하고 보상까지 받는 선순환 구조가 탄생되는 것입니다

〈그림 4-11〉

▲ 부모님을 모시고 함께 여행간 이야기를 포스팅 하였습니다. 부모님과 함께하는 이야기는 더욱 많은 사람들의 공감을 이끌어낼 수 있습니다.

〈그림 4-12〉

▲ 댓글을 통해 다른 스팀잇 유저들과 의견을 공유하는 과정에서 수많은 훌륭한 내용이 탄생하며, 결과적으로 콘텐츠 자체의 질이 상승하게 됩니다.

　밋업 후기의 경우 스티미언 간의 소통과 교류의 활성화에 대한 상징적 의미를 내포하기 때문에 일반적으로 보팅을 많이 받을 수 있습니다.

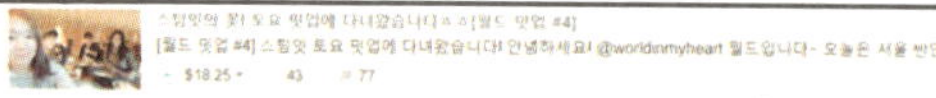

〈그림 4-13〉

▲ 밋업은 스팀잇의 가치를 온라인을 넘어 오프라인으로 승화시키는 문화의 하나입니다. 어떤 일이 일어났는지 일화형식으로 함께 소개하면 많은 사람들의 공감을 이끌어낼 수 있습니다.

〈그림 4-14〉

▲ 특히 밋업에 처음 참가하신 분들은 더욱 많은 보팅과 관심을 받게되십니다. @을 이용해 함께 참석했던 사람들의 이름을 넣으면 소통의 효과를 더욱 높일 수 있습니다.

8_ 여행기, 맛집 탐방기

최근 몇 년 간 방송에서 가장 인기 있었던 것은 여행과 먹방이었습니다. 스팀잇에서도 정성스러운 여행기 또는 맛집 탐방기를 올리면 수익을 올리기 쉽습니다. 특히 KR에는 맛집 지도를 만드는 봇이 맛집 후기 글에 대한 보팅을 해주는 시스템이 만들어져 있어 수익화에 도움을 줍니다

★ #muksteem 사용법

태그에 #muksteem 을 넣고, 포스팅 중에 상호와 주소를 입력하면 먹스팀 지도 봇이 보팅을 해주어 추가적인 수익을 얻을 수 있습니다.

〈그림 4-15〉

▲ 식당에 가면 음식을 한술 뜨기 전에 사진부터 한 장 찰칵 찍어두시는 게 좋습니다. 특히 계절에 알맞은 제철음식들은 포스팅 효과가 더욱 좋은 편입니다.

〈그림4-16〉

▲ 태그에 #muksteem 을 넣고, 포스팅 중에 상호와 주소를 입력하면 먹스팀 지도 봇이 보팅을 해주어 추가적인 수익을 얻을 수 있습니다

9_ 한국인이라면 관심을 가질 글

한국은 청년실업 등의 일자리 문제가 심각합니다. 사람들은
일반적으로 이와 같은 사회 문제에 관심이 많기 때문에, 여기에
해당되는 글을 올리는 경우에도 보상을 많이 받을 수 있습니다

〈그림4-17〉

▲ 일자리 창출 프로젝트는 사람들과 함께 소통도하고 포스팅으로 수익도 창출하는 모두가 행복한 이벤트의 하나입니다.

〈그림4-18〉

▲ 일자리 창출 프로젝트를 스팀잇 홍보 이벤트와 연결 지을 경우 커뮤니티 발전까지도 함께 챙기는 효과를 볼 수 있습니다..

10_ 가상화폐, 블록체인 관련 글

스팀잇에서 보상으로 받는 돈인 스팀은 가상화폐입니다. 때문에 스팀잇 유저들은 가상화폐에 관심이 많은 편인데요. 이에 대한 소개 글은 회원들로부터 보팅을 많이 받는 편입니다. 책이나 외국 영상을 보고 가상화폐에 대해 공부하신 뒤 글을 올리면 보상을 보다 많이 받으실 수 있습니다. 여기에 스팀잇의 경우 블록체인 시스템을 기반으로 하고 있습니다.

블록체인 시스템은 개인이 블록 형태로 거래내역을 저장하고 체인방식으로 연결시켜놓는 시스템인데, 중앙에 모든 거래내역을 저장하는 기존의 금융 시스템에 비해 보안 면에서 안전합니다. 스팀잇 회원의 경우 블록체인에 대한 관심이 많으며 결과적으로 블록체인에 대한 글도 여러분들로 하여금 많은 보팅을 받게 해줍니다.

가상화폐를 공부할 때 좋은책

donghaeng 50 in coinkorea   8 days ago

스팀을 처음 알게됐을 때도 이 돈이 진짜 현금이 되는지 어떻게 사용할 수 있
는지
전망은 어떤지 알 수가 없었다.

그래서 설명이 되어 있는 책을 찾다가 발견한책!
비트코인에 대해 잘 모르는 초보자분들에게 좋은 책입니다.
설명도 쉽게되어 있는 거 같아요 ㅎㅎ

〈그림4-19〉

▲ 스팀잇 유저들은 가상화폐에 관심이 많은 경우가 아주 많습니다. 공부하는 사람들을 위해 방법이나 가이드북을 추천해봅시다..

랜섬웨어 피해 그리고 블록체인화

venti ▾ 60 in ransom   25 days ago

〈그림4-20〉

▲ 특히 블록체인과 관련된 토론은 계속해서 진행되고 있는 만큼, 이와 같은 포스팅은 많은 유저들의 관심과 더불어 활발한 소통을 이끌어낼 수 있습니다.

11_ 돈 버는 법에 관한 글

　　스팀잇에 가입하는 주요 목적 중의 하나는 수익 창출입니다. 따라서 돈 버는 법에 관심이 많은 회원이 상대적으로 많은데요. 돈 버는 법에 관한 글 또는 자신의 노하우를 올리면 비교적 높은 보상을 받을 수 있습니다.

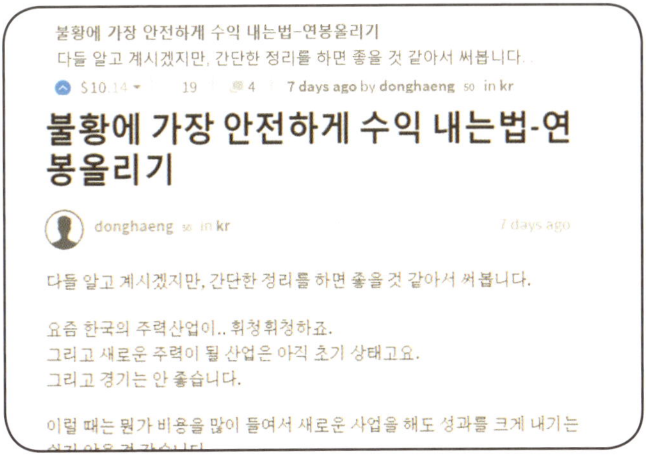

〈그림4-21〉

▲ 사업체를 운영했거나, 기타 수익화에 관한 경험이 있을 경우 이에 대한 경험을 방법론적으로 서술하여 많은 사람들에게 도움을 줄 수 있습니다.

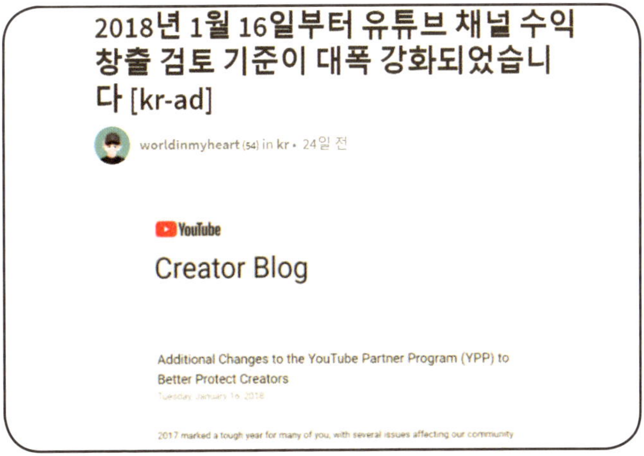

〈그림4-22〉

▲#kr-ad 태그의 경우 마케팅에 활용할 수 있는 많은 팁들이 공유되어있는 곳입니다. 수익화에 도움이 되는 여러 정보들을 나눠보는 것도 좋습니다.

12_ 도움 요청 글

도움을 요청할 일이 있으면 스팀잇에 진심이 담긴 글과 함께 스팀잇에 올려보시기 바랍니다. 보팅을 통해 큰 부담 없이 도움을 줄 수 있기 때문에, 정말 도움이 필요한 경우 사연을 이야기하면 충분한 보상을 도움으로써 받게될 수도 있습니다.

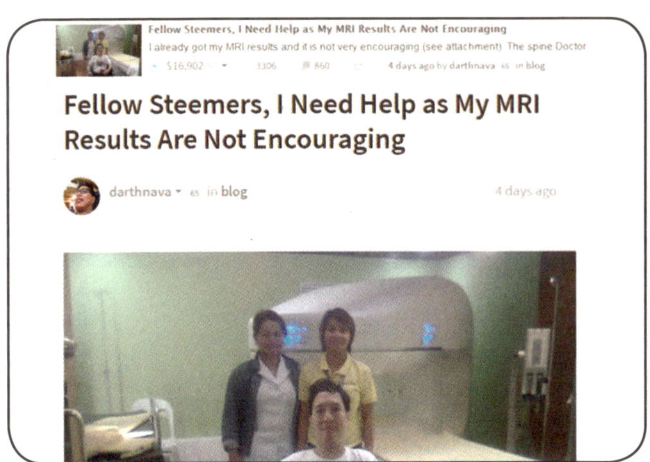

〈그림4-23〉

▲ 해외에서 한 스티미언이 검사, 수술, 치료를 위해 도움을 요청하였습니다. 스팀잇 커뮤니티 특유의 서로 도우려는 마음이 보팅으로 표현된 것을 알 수 있습니다.

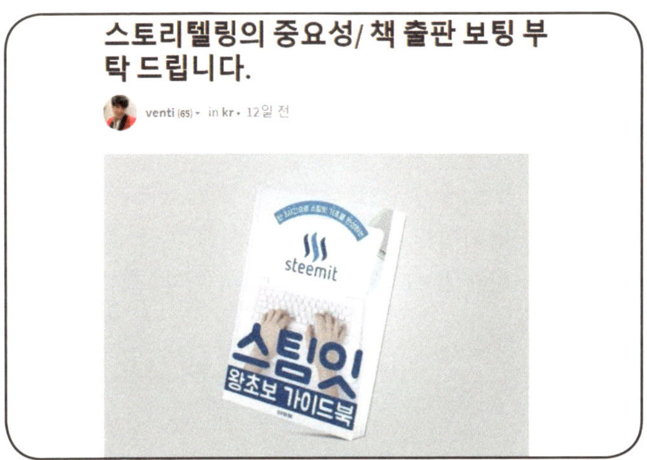

〈그림4-24〉

▲ 여러분께서 읽고 계신 이 책 역시 많은 분들의 도움을 토대로 탄생한 입문서입니다. 출판비 마련을 위해 보팅 캠페인을 진행하였고 이는 결과적으로 아주 큰 힘이 되었습니다.

13_ 스팀미언들을 위한 이벤트

다른 스티미언분들과 함께할 수 있는 이벤트 역시 많은 보팅을 가져다 줄 수 있습니다. 팔로워 달성, 또는 기타 즐거운 일, 더 나아가 선행을 위해 진행되는 이벤트 등 종류도 아주 다양합니다. 일반적으로 태그는 kr-event를 사용합니다.

〈그림4-25〉

▲'댓글을 적으면 커피를 무료로 준다?' – 실제로 실현되었던 프로젝트입니다. 많은 고래 유저 분들의 서포트를 받아 스팀잇의 간접적 실용화 프로젝트가 진행되었습니다.

〈그림4-26〉

▲ 팔로워 이벤트는 가장 많이 진행되는 이벤트입니다. 자신을 팔로우 해주는 사람들에 대한 고마움을 담아 진행하는 만큼 많은 유저들의 호응과 축하도 덤으로 받게 됩니다.

14_ 해외 스티미언 밋업

　스팀잇 큰 매력 요소 중 하나는 스티미언이라는 공통적인 사실 하나만으로도 모두가 융화된다는 것입니다. 이와 같은 유대감, 결속력은 국경을 초월해도 그대로 나타나게 되는데요. 해외 스티미언 밋업은 여행의 선순환으로 이어지게 되는데요.

　해외에 한국인 또는 외국인 스티미언이 살고 있다는 것을 확인했다면 댓글 또는 Steemchat을 통해 연락을 취해 밋업을 성사시켜보는 것도 하나의 방법입니다. 이는 소통, 교류, 수익 세 가지 모두 충족시킬 수 있는 아주 좋은 기회이지만 무리하게 상대방에게 강요해서는 안된다는 점을 잊어선 안됩니다.

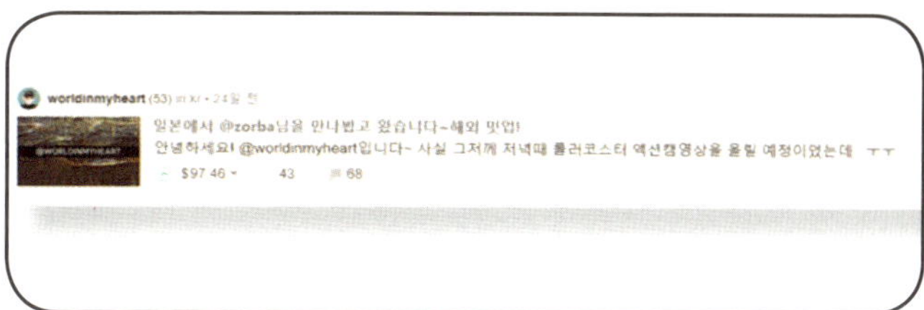

〈그림4-27〉

▲일본 오사카에 거주 중이신 zorba님과 오사카 난바에서 밋업을 진행한 이야기입니다. 밥을 먹고 커피를 마시며 여러가지 이야기를 했고, 이를 포스팅하여 아주 높은 금액을 보팅 받았습니다

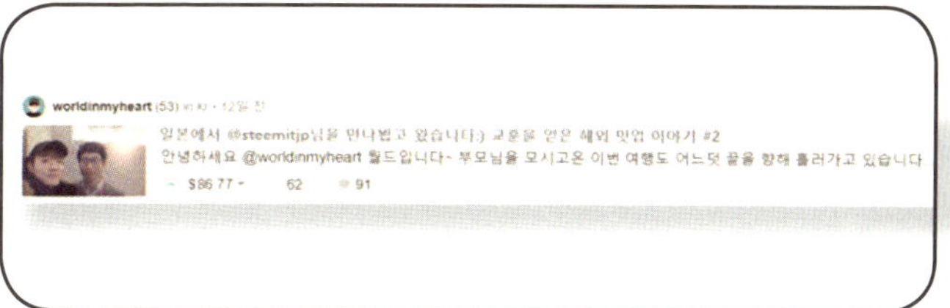

〈그림4-28〉

▲ 일본 커뮤니티 활성화에 애를 쓰고 계신 steemitjp님을 직접 만나고 와서 쓴 후기입니다.

15_ 전문성 있는 큐레이팅

　　정보가 과잉이 될수록 사람들은 자신이 원하는 페이지만 팔로우하거나 구독하는 경향이 있습니다. 이 때문에 한 분야에 대해서 집중적으로 공략할 필요성이 제기되고 있는데요. 스팀잇에서는 어떤 큐레이터가 되면 좋을까요? 라고 묻는 분들을 위해 몇 가지 사례를 소개해보도록 하겠습니다.

▶ 인문학

몇 년 전부터 인문학 열풍이 거셉니다. 베스트셀러 목록을 보면 항상 인문학 도서가 순위권 내에 있습니다. 스팀잇에서 역시 인문학 주제로 글을 쓸 경우 좋은 반응을 얻을 수 있습니다.

▶ 스팀잇 홍보대사

스팀잇 회원의 경우 스팀잇이 번창할수록 더 좋습니다. 이 때문에 스팀잇을 열심히 홍보해주는 사람이 있다면 그 사람에게 힘을 실어주게 되는데요. 아직 전문적인 주제를 정하지 못했다면 일단 스팀잇 홍보부터 해보면서 평판과 스팀파워를 키워나가는 것도 하나의 방법입니다

▶ 심리학

심리학 역시 인문학과 마찬가지로 최근 들어 큰 인기를 누리고 있습니다. 심리학을 주제로 글을 써도 좋은 반응을 얻을 수 있습니다.

▶ 가상화폐, 블록체인

스팀잇은 가상화폐를 보상으로 받는 SNS플랫폼이며 그 블록체인 방식을 채택하고 있습니다. 때문에 가상화폐와 블록체인에 대한 글을 올리면 좋은 반응을 얻을 수 있습니다.

▶ 여행

여행은 누구나 가고 싶어합니다. 자신의 여행기를 정성 들여 작성하는 경우, 보팅 및 팔로우를 확보할 수 있습니다.

〈그림4-29〉

▲ 몇 년 전부터 인문학 열풍이 거셉니다. 베스트셀러 목록을 보면 항상 인문학 도서가 순위권 내에 있습니다. 스팀잇에서 역시 인문학 주제로 글을 쓸 경우 좋은 반응을 얻을 수 있습니다.

" 스팀잇 홍보대사 "

〈그림4-30〉

▲ 스팀잇 회원의 경우 스팀잇이 번창할수록 더 좋습니다. 이 때문에 스팀잇을 열심히 홍보해주는 사람이 있다면 그 사람에게 힘을 실어주게 되는데요. 아직 전문적인 주제를 정하지 못했다면 일단 스팀잇 홍보부터 해보면서 평판과 스팀파워를 키워나가는 것도 하나의 방법입니다.

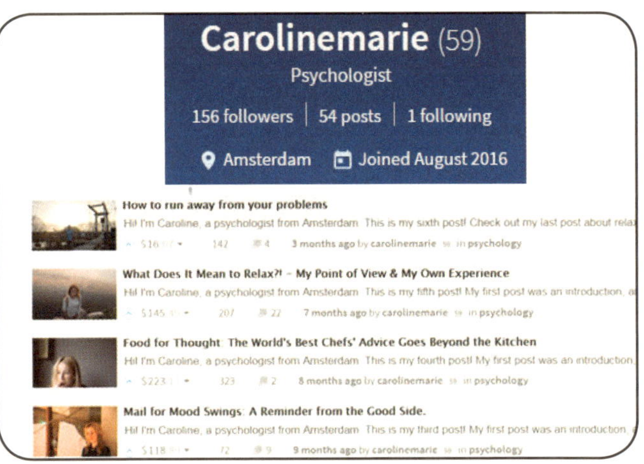

〈그림4-31〉

▲ 심리학 역시 인문학과 마찬가지로 최근 들어 큰 인기를 누리고 있습니다. 심리학을 주제로 글을 써도 좋은 반응을 얻을 수 있습니다.

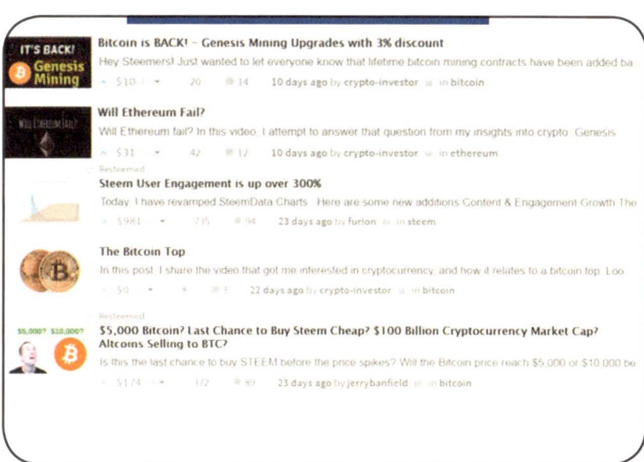

〈그림4-32〉

▲ 스스팀잇은 가상화폐를 보상으로 받는 SNS플랫폼이며 그 블록체인 방식을 채택하고 있습니다. 때문에 가상화폐와 블록체인에 대한 글을 올리면 좋은 반응을 얻을 수 있습니다. 다면 일단 스팀잇 홍보부터 해보면서 평판과 스팀파워를 키워나가는 것도 하나의 방법입니다.

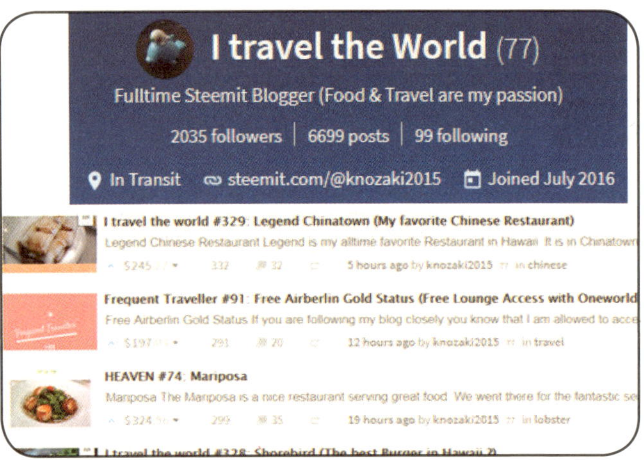

〈그림4-33〉

▲ 여행은 누구나 시간과 여유만 있다면 가고 싶어하는 것입니다. 자신의 여행기를 정성 들여 전문적으로 작성하는 경우, 좋은 반응과 함께 보팅 및 팔로우를 확보할 수 있습니다.

" 프로그래밍 "

〈그림4-34〉

▲ 가상화폐, 블록체인 등은 비교적 최근에 만들어진 개념이기 때문에 IT 분야 종사자 분들께 더욱 익숙합니다. 현재 스팀잇 커뮤니티 내에도 수많은 프로그래머분들이 계신데요. 프로그래 밍을 주제로 글을 써도 좋은 반응을 이끌어낼 수 있습니다.

더 많은 포스팅 사례들은 네이버 스팀잇 코리아 카페(http://cafe.naver. com/batting2)에서 확인하실 수 있습니다.

5장

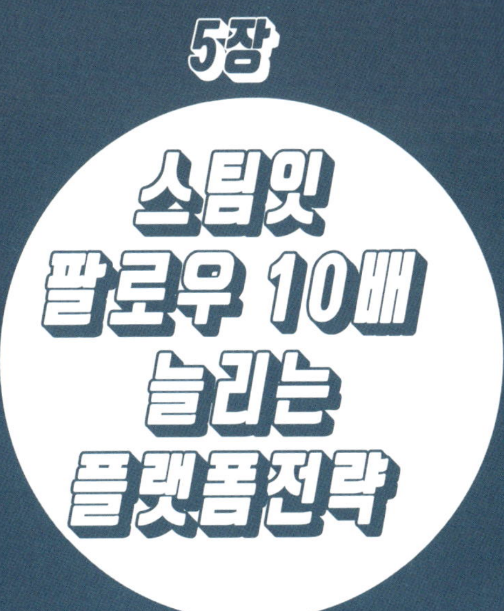

1_ 스팀잇과 블로그

블로그는 스팀잇과 유사한 공간을 가지고 있습니다. 사진과 글을 자신의 공간에 업로드 할 수 있고, 팔로워와 비슷한 개념인 이웃이 존재하는데요. 블로그 글을 통해 스팀잇으로의 유입을 늘리는 방법에는 크게 두 가지가 있습니다. 먼저 수익화 사례를 글로 쓰는 것입니다. 게시물을 올리면 보상을 받는다는 점은 스팀잇의 가장 큰 매력인데요 그렇기 때문에 수익을 낸 사례를 글로 적어 올려주면 더욱 효과적으로 스팀잇을 홍보할 수 있습니다.여기에 블로그의 장점은 검색 노출과 더불어 글을 길게 쓸 수 있다는 데에 있습니다. 만약 블로그를 기존에 운영하고 있던 사람이라면 게시글에 스팀잇 링크를 넣어 새로운 회원을 유입시킬 수 있습니다.

창업으로 돈버는 이야기

스팀잇 10일차 수익 인증

안녕하세요
정보퍼주는남자
정퍼남 우동성 입니다

스팀잇
초보자 분들께 도움을 드리고자 합니다

Estimated Account Value
The estimated value is based on an average value of Steem in US dollars.
$1,028.32

〈그림5-1〉
▲

전체 보기 (2393)   스크랩   역인글   목록닫기

정퍼남 우동성
(coolwoods)

#창업트렌드 #아이디어공
유 #비지니스마인드 #1인창
업 전문가 #소자본창업 전문
가 #프랜차이즈 전문가 #SN
S 마케팅 전문가

각종 협찬 및 체험단 문의
는 쪽지로 주세요

category

전체보기 (2393)
창업으로 돈버는 이야기
(458)
인생여행 (970)
꿈.가치.비전 (133)

스팀잇 글하나 100달러 (2)

전광수커피 부천점 (2)

컨텐츠파로도가 높아질때 스팀잇에서 준비해야할 3가지

스팀달러 현금화한 이야기 (1)

마천동 카페.마천동 맛집.담 착한커피

스팀잇/스팀달러 한국돈으로 으로 환전 (2)

버거앤프라이즈.인천청라맛집.청라수제버거

망원동 술집.망원역 맛집 #주류식당

혜화역 술집.대학로 술집.대학로 맥주.종로회식장소 89번가

부평 삼계탕.부광구청 맛집.갈산동 맛집.통년한방삼계탕

혜화역 술집.대학로 술집.대학로 맥주.종로회식장소 89번가

스팀잇왕초보가이드/과정을 즐겨라 (4)

스팀잇 10일차 수익 인증 (9)

스팀잇 / 유명 인스타그램 인플루언서들이 유입 (2)

스팀잇 / 스팀달러 ➡ 스팀 ➡ 스팀파워 (2)

〈그림5-2〉
▲

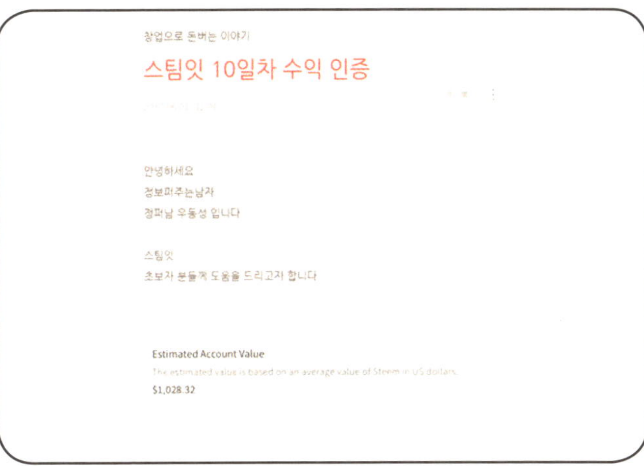

2_ 스팀잇과 카페

　　카페 또한 블로그와 비슷한 방향으로 홍보를 진행하면 됩니다. 카페는 블로그와 달리 고정적인 회원수를 확보하고 있기 때문에 검색에 노출이 덜 되더라도 카페 회원들에 대한 추가 노출을 기대해볼 수 있다는 특징을 가지고 있습니다

　　스팀잇의 경우 이미 5,000여명 규모의 카페(스팀잇코리아 http://cafe.naver.com/batting2)가 운영되고 있습니다. 스팀잇에 대한 많은 정보 공유가 이루어지고 있어 정착에 도움을 받을 수 있고 자신의 블로그나 좋은 글을 홍보해볼 수도 있습니다.

〈그림5-3〉

▲

3_ 스팀잇과 팟캐스트

　　2017년은 팟캐스트 열풍이었습니다. 팟캐스트에서 인기를 누리는 사람이 책을 쓰면, 베스트셀러에 쉽게 올라가는 경우가 많았는데요. 특히 팟캐스트는 직접 자신의 목소리를 통해 방송을 진행하는 형태이기 때문에 더욱 신뢰도가 높고 효과적인 홍보가 가능하게합니다.

〈그림5-4〉

▲

4_ 스팀잇과 유튜브

유튜브 역시 많은 분들이 주로 보는 SNS 플랫폼 중 하나입니다. 유튜브를 통해 홍보하면 아주 효과적으로 여러 국적의 팔로워를 모을 수 있는데요. 그림〈5-5〉는 스팀잇 웹사이트에 YOUTUBE를 연결시킨 사례입니다.

자신의 채널을 보유하고 있다면 유튜브 채널 주소를 settings의 웹사이트란에 넣어주시면 됩니다. 최근 들어 사람들은 글과 사진보다도 동영상을 더욱 많이 보는 편입니다.

무료 와이파이존이 늘어나고, 무제한 요금제도 생기며 접근성이 더욱 좋아진 부분도 이 현상이 나타나는데 한 몫을 했다고 보여지는데요. 동영상은 얼굴 노출이 가능하다는 장점을 가지고 있어 가장 신뢰도가 높은 형태의

인문학 블로거 '동행' (51)

59 followers | 185 posts | 41 following

youtube.com   Joined May 2017

Blog   Comments   Replies   Rewards ▾   Wallet   S

Public Profile Settings

PROFILE PICTURE URL

DISPLAY NAME

인문학 블로거 '동행'

ABOUT

LOCATION

WEBSITE

https://www.youtube.com/

〈그림5-5〉

홍보수단이라고 할 수 있습니다. 이를 통해 더욱 효과적으로 홍보를 진행할 수 있고 팔로워도 더욱 빠르게 모을 수 있습니다. 유튜브 운영에 대한 세부 정보들은 네이버 온비스 카페(http://cafe.naver.com/strssttrr)의 버네이즈 칼럼을 확인하시기바랍니다.

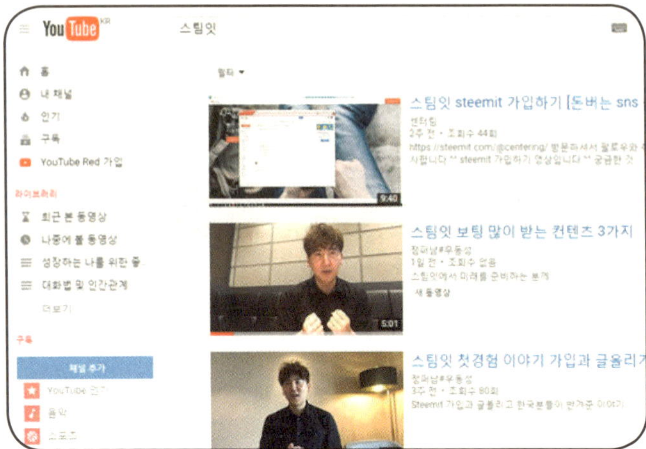

〈그림5-6〉

▲

〈그림5-7〉

▲

5_ 스팀잇과 인스타그램

　　요즘 20대에서 유행하는 인스타그램을 통해서도 스팀잇 홍보를 할 수 있습니다. 인스타그램의 프로필칸에 자신의 스팀잇 계정 주소를 적어둔다면, 내 인스타그램 방문자가 자연스레 스팀잇으로 유입될 수 있습니다.

Instagram
likeitem
게시물 301개   팔로워 702명   팔로우 0명
비즈니스 로맨시스트 <정퍼남> 우동성 😊일과 놀이와 여행을 함께 👉정
(정퍼남) ✈여행다니며 돈벌자 무료강의😊유튜브 "우동성" 검색 저와함께
자 분들이 부자가 되는 그날까지 steemit.com/@venti

〈그림5-8〉

▲

6_ URL 공유하기

　스팀잇의 외부로부터 유입을 시켜 팔로우를 늘리려면 접속할 길을 만들어줘야 합니다. 이 때 홍보할 대상에게 고유 주소(URL)를 같이 전달하면 직접적인 효과를 볼 수 있습니다. 현재 스팀잇은 인터넷에 블로그 주소가 오픈되어있습니다. 월드의 스팀잇 블로그 계정을 예로 들면 https://steemit.com/@worldinmyheart의 URL주소를 복사해 보내면 누구든지 해당 스팀잇 블로그에 방문할 수 있는 것입니다.

　이렇게 스팀잇과 다른 SNS플랫폼들을 활용하여 유입을 늘리는 방법을 알아보았습니다. 이 때 무엇보다 중요한 것은 각 플랫폼의 성격을 명확히 이해하고, 각기 특성에 맞게

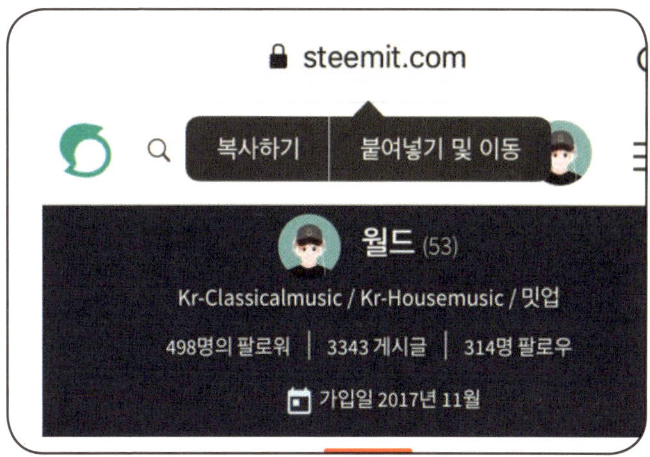

〈그림4-14〉

▲

양질의 컨텐츠를 생산해내는 것입니다. 더 나아가 한층 더 효과적인 홍보를 하고 싶을 경우, 사람들이 보다 활발하게 반응하는 홍보글들의 특징을 분석해보면 좋습니다. 이는 향후 스팀잇에서 글을 게시할 때에도 많은 도움이 될 것입니다.

각 플랫폼 별 세부 전략 및 정보는 네이버 온비스 카페(http://cafe.naver.com/strssttrr)에서 더욱 자세하게 공부하실 수 있습니다.(페이스북, 블로그, 유튜브 등)

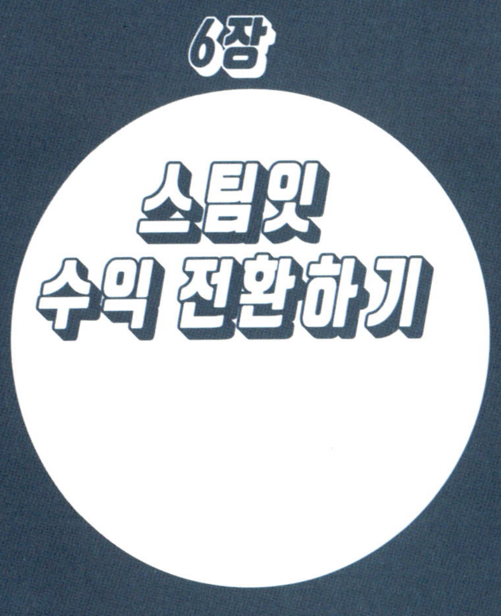
6장
스팀잇
수익 전환하기

1_ 스팀달러를 현금으로 전환하는 법

    블로그는 스팀잇과 유사한 공간을 가지고 있습니다. 사진과 글을 자신의 공간에 업로드 할 수 있고, 팔로워와 비슷한 개념인 이웃이 존재하는데요. 블로그 글을 통해 스팀잇으로의 유입을 늘리는 방법에는 크게 두 가지가 있습니다.

    먼저 수익화 사례를 글로 쓰는 것입니다. 게시물을 올리면 보상을 받는다는 점은 스팀잇의 가장 큰 매력인데요 그렇기 때문에 수익을 낸 사례를 글로 적어 올려주면 더욱 효과적으로 스팀잇을 홍보할 수 있습니다.여기에 블로그의 장점은 검색 노출과 더불어 글을 길게 쓸 수 있다는 데에 있습니다. 만약 블로그를 기존에 운영하고 있던 사람이라면 게시글에 스팀잇 링크를 넣어 새로운 회원을 유입시킬 수 있습니다.

〈그림 6-1〉

▲ 이 부분은 어쩌면 스팀잇에서 가장 중요한 부분의 하나입니다. 바로 보상받은 스팀달러를 현금화시키는 방법인데요. 지금부터 한 단계씩 소개해보겠습니다

〈그림 6-2〉

▲ [판매] 클릭

〈그림 6-3〉

▲

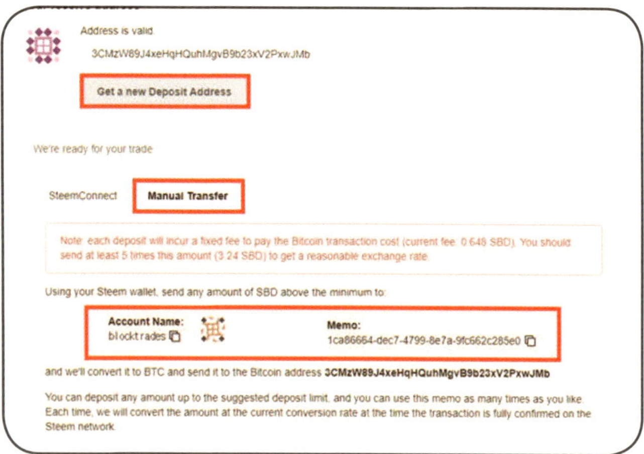

〈그림 6-4〉

▲ Get a new Deposit Address를 누른 뒤 Manual Transfer를 누르면 위와 같이 계좌명과 더불어 메모가 떠오르게 됩니다

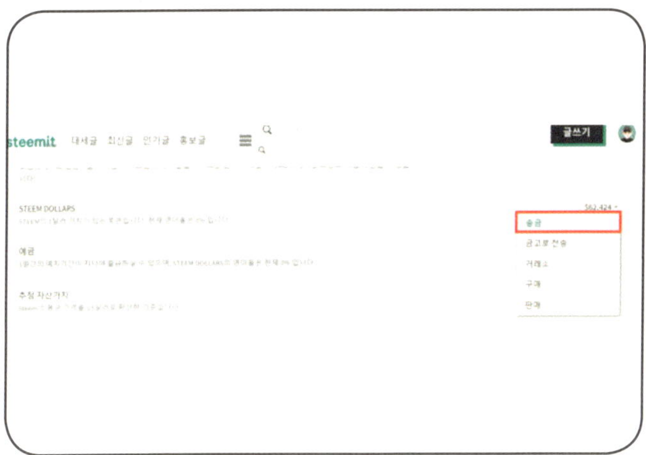

〈그림 6-5〉

▲ 송금을 눌러줍니다.

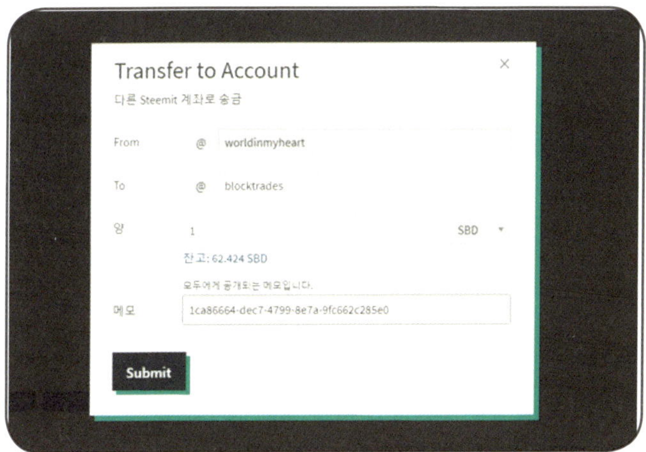

〈그림 6-6〉

▲ 받는 사람 계좌명, 보내기로 한 양, 메모를 입력해줍니다.

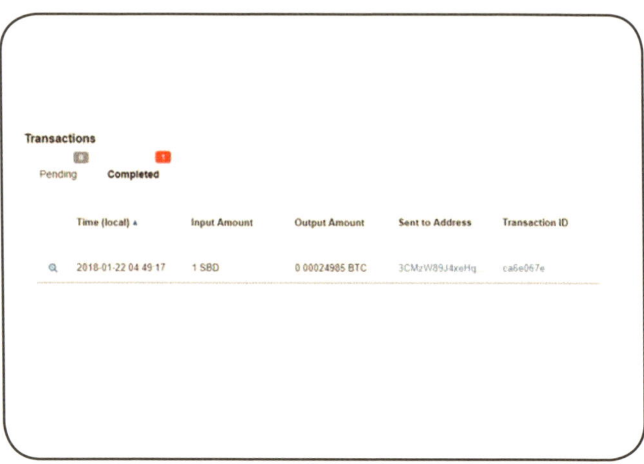

〈그림 6-7〉

▲ blocktrades 창을 다시 띄운 뒤 completed에 불이 들어왔다면 입금을 기다리시기만 하면 됩니다위 과정을 거치면 비트코인이 국내 암호화폐 지갑을 들어가게 됩니다. 국내 환전소에서 그 비트코인을 팔면 현금으로 수익화가 가능합니다.

모아둔 스팀달러를 스팀파워로 바꾸는 방법을 알아보겠습니다. 스팀달러〉스팀〉스팀파워의 과정을 거쳐야합니다.

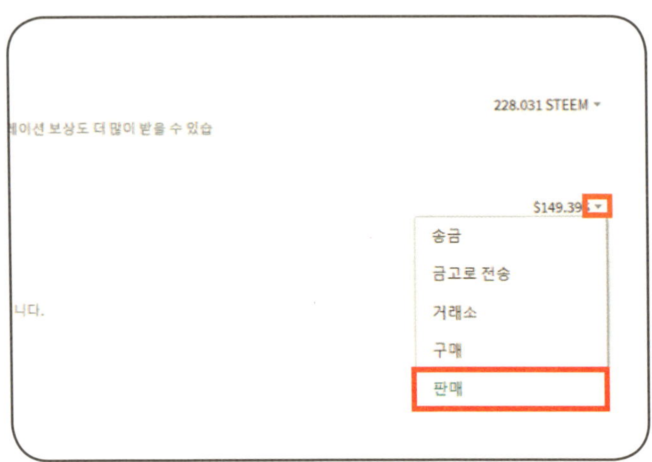

〈그림 6-8〉

▲ 지갑의 잔고를 확인한 뒤 판매를 눌러줍니다.

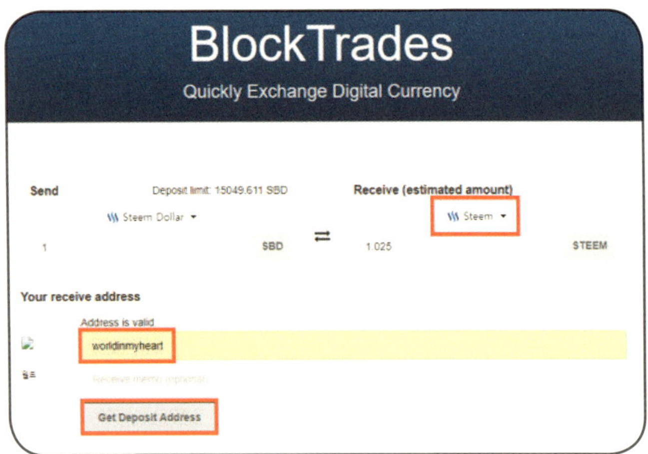

〈그림 6-9〉

▲ 오른쪽 화폐 종류에서 '스팀' 을 골라줍니다. 그 다음 아래 [Steem Account Name]에 나의 스팀잇이름을 넣고(예:worldinmyheart) [Get Deposit Address]를 눌러줍니다.

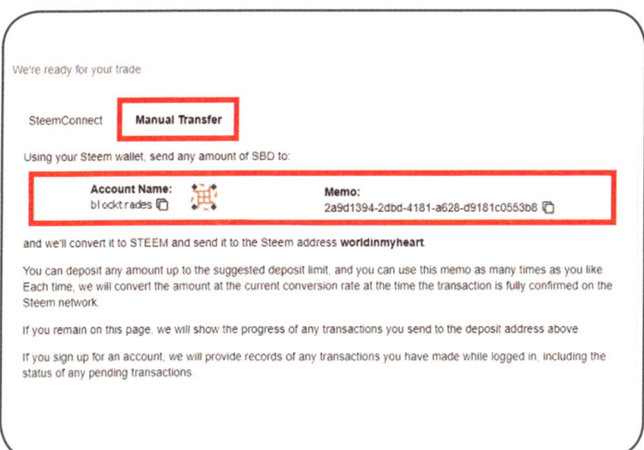

〈그림 6-10〉

▲ manuel transfer를 누른 뒤 memo 부분을 복사해둡니다

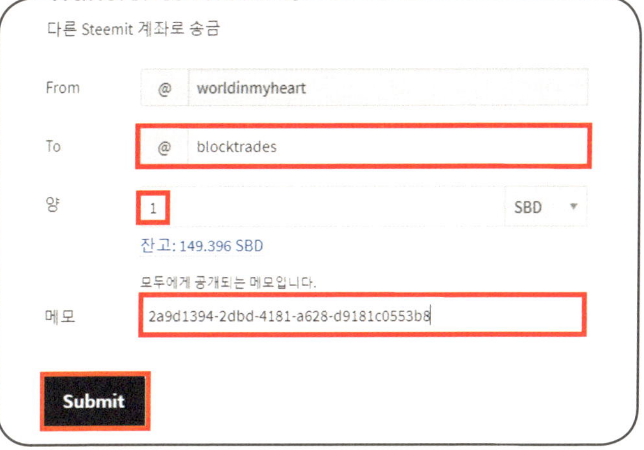

〈그림 6-11〉

▲ manuel transfer를 누른 뒤 memo 부분을 복사해둡니다.

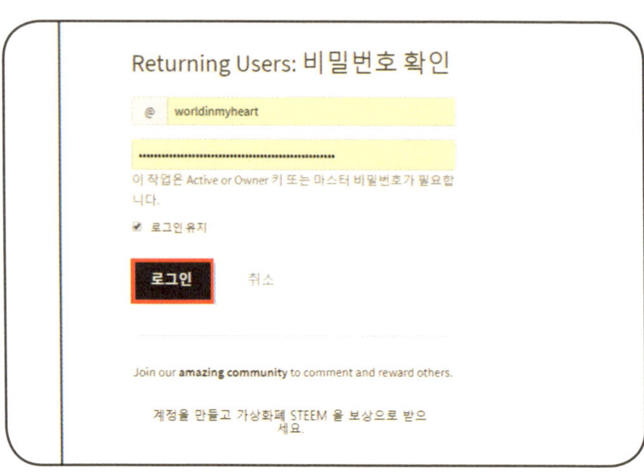

〈그림 6-12〉

▲ 비밀번호(오너키)를 넣고 로그인을 눌러줍니다

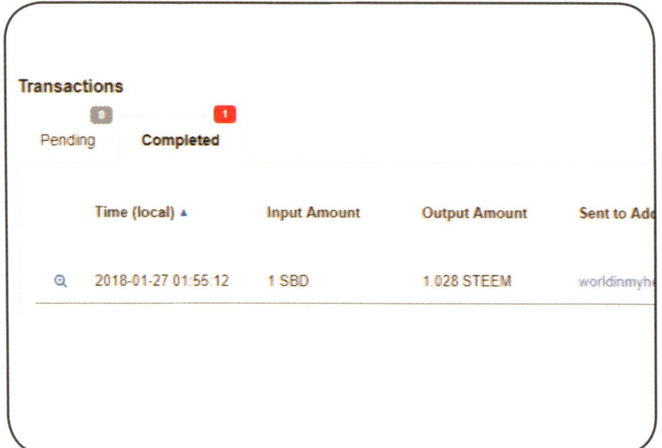

〈그림 6-13〉

▲completed버튼에 붉은색 불이 들어온 뒤 조금만 기다리면 전송이 완료됩니다.

〈그림 6-14〉

▲ 지갑을 확인하니 스팀이 변환되어 들어와있습니다. 이제 이 스팀을 파워업하여 스팀파워로 바꿔볼 차례입니다. 스팀 잔고를 클릭한 뒤 [파워 업]을 눌러줍니다

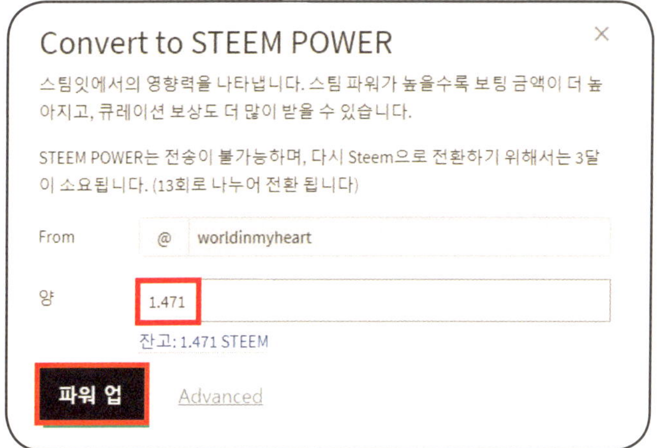

〈그림 6-15〉

▲ "양" 우측으로 붉은색으로 표시된 부분에 바꿀 스팀 수치를 넣습니다. 그 다음 파워 업을 눌러줍니다.

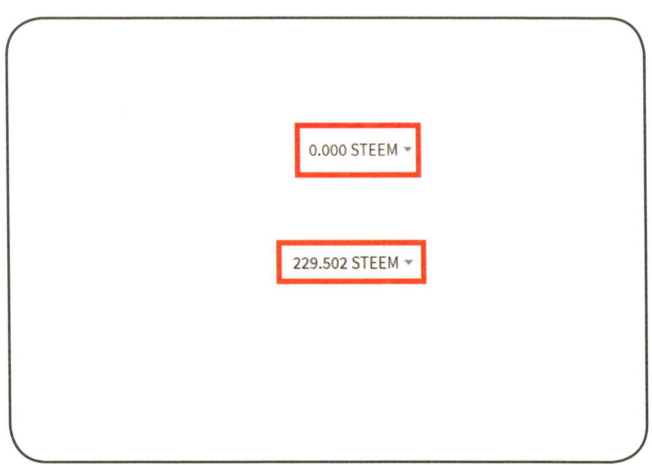

〈그림 6-16〉

▲ 스팀이 줄어든 만큼 스팀파워가 상승해있는 것을 확인할 수 있습니다.

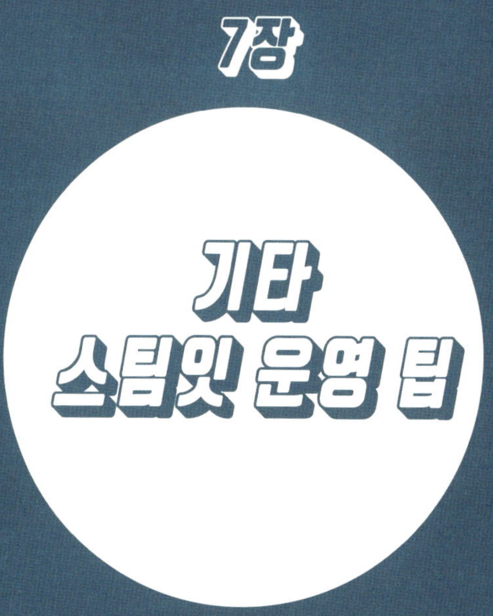

7장

기타
스팀잇 운영 팁

"steemd.com"

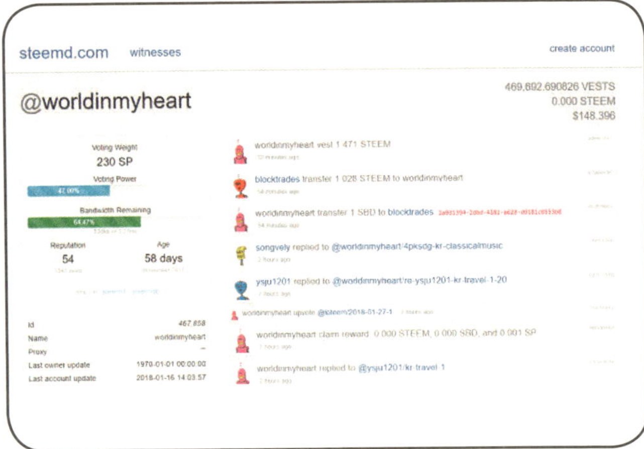

〈그림 7-1〉

▲ steemd.com특정 아이디의 스팀잇 활동에 대한 세부 사항을 살펴볼 수 있는 패널 사이트입니다. 자신의 스팀파워, 가입일, 동내역, 명성 등의 데이터를 모두 확인할 수 있으니 목적에 맞게 활용하시기 바랍니다.

그 밖의 스팀잇 툴에 대한 설명은 네이버 스팀잇 코리아 카페(http://cafe.naver.com/batting2)에서 확인해주시기 바랍니다.

[스파임대] 50M VESTS 1분 모십니다.
(댓글 보팅 참여 부탁)

in kr   3 days ago

안녕하세요?

나날이 발전하는 스팀과 kr 커뮤니티를 보고있으니 흐뭇합니다 ^^

글재주도 없고 여건이나 체질상 커뮤니티 활동도 어색해서요. 임대할 수 있
다는 사실을 알고 나눔을 하고자 합니다.

〈그림 7-2〉

▲스팀파워를 많이 보유하고 있는 고래회원이 보팅을 열심히 해주면 스팀잇의 신규 회원들도
빠르게 성장할 수 있습니다. 그러나 간혹 바쁜 사정 등을 이유로 고래회원이 열심히 활동하는
스팀잇 회원에게 스팀파워를 임대하여 KR커뮤니티의 활성화 업무를 위임하는 경우가 있습니
다.맞게 활용하시기 바랍니다.

그 밖의 스팀잇 툴에 대한 설명은 네이버 스팀잇 코리아 카페(http://cafe.naver.com/
batting2)에서 확인해주시기 바랍니다.

"스팀 파워 임대"

〈그림 7-3〉

▲ 종종 이렇게 '50M VESTS 1분 모십니다' 이런 식으로 모집글이 올라옵니다. 참가 신청은 댓글로 하시면 되며 자신이 어떻게 홍보할 수 있고 활성화시킬 수 있는지를 구체적으로 어필하시면 됩니다. 실제로 venti 계정으로 고래회원으로부터 4.3만 스팀파워를 임대 받을 수 있었습니다.

" kr-event "

〈그림 7-4〉

▲#kr-event 태그에 접속해보면 각종 이벤트가 열리는 것을 확인할 수 있습니다. 최근에는 특히나 스팀잇 유저들이 늘어나면서 이벤트의 개최 빈도도 크게 올라간 상태입니다. 스팀잇 정착에 도움이되는 이벤트도 많으니 틈틈이 확인해보시는 것도 좋습니다.

"저작권에 대하여"

현재는 스팀잇 자체적인 저작권 규제가 그다지 없는 편입니다. 때문에 현재는 비교적 자유로운 형태를 띠고 있지만, 사실 언제 어떻게 상황이 바뀔지는 그 어느 누구도 알 수 없는 것입니다. 신규 가입자 유입이 늘어나면 늘어날수록 시스템적 개선이 이루어지게 될 것이고, 그 때는 유튜브나 인스타그램처럼 저작권에 의한 단속이 강화될 수 있습니다.

그래서 신규 회원 분들은 반드시 저작권에 항상 신경을 써주시기 바랍니다. 스팀잇은 계정이 곧 계좌이다보니 아이디가 폐쇄되었을 때 입을 손해가 아주 클 수 있습니다. 진정성있는 컨텐츠를 만들어내는 과정이 쉽지 않겠지만, 그렇다고 절대 남의 것을 퍼와서 이득을 보는 행위는 삼가주시기 바랍니다. 저작권은 꼭 지켜주셔야합니다.

"저작권 free
이미지 얻는법"

〈그림 7-5〉

▲픽사베이 (https://pixabay.com/ko/)

글을 올리면 보상을 받는 스팀잇의 경우 더더욱 저작권에 신경을 써주셔야 합니다. 저는 무료 이미지를 찾을 때 픽사베이를 많이 이용하는 편인데, 그 밖에도 다양한 무료 이미지 사이트들이 있으니 잘 활용해주시기 바랍니다. 오늘은 그 중 대표적인 3개의 사이트를 소개해드리겠습니다.

"저작권 free 이미지 얻는법"

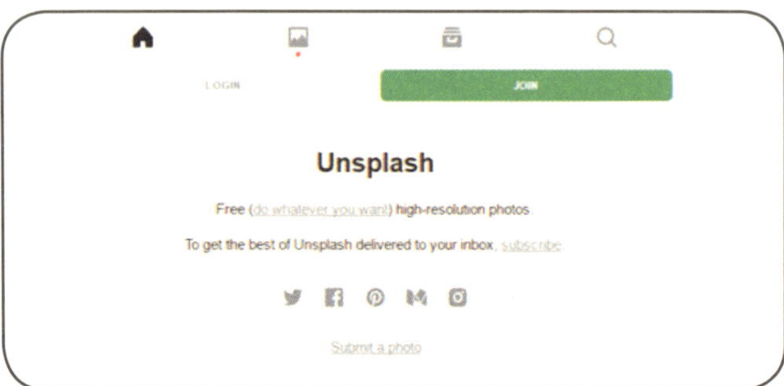

〈그림 7-6〉

▲ Unsplash (https://unsplash.com/)

〈그림 7-7〉

▲ Flickr (https://www.flickr.com/)

"저작권 free
이미지 얻는법"

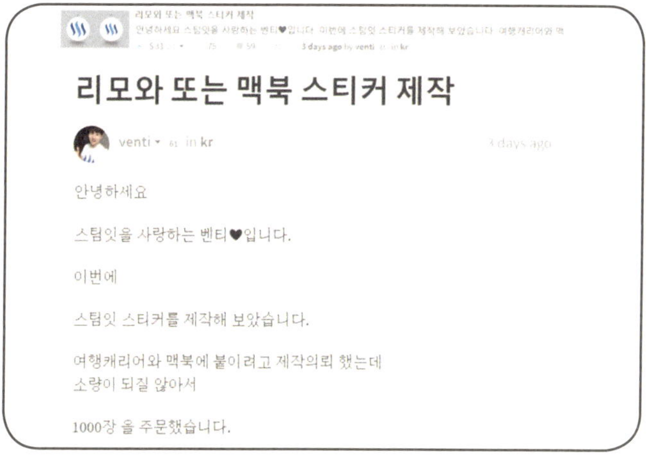

리모와 또는 맥북 스티커 제작

venti · 61 in kr   3 days ago

안녕하세요

스팀잇을 사랑하는 벤티♥입니다.

이번에

스팀잇 스티커를 제작해 보았습니다.

여행캐리어와 맥북에 붙이려고 제작의뢰 했는데
소량이 되질 않아서

1000장 을 주문했습니다.

〈그림 7-8〉

▲#kr-event 태그에 접속해보면 각종 이벤트가 열리는 것을 확인할 수 있습니다. 최근에는 특히나 스팀잇 유저들이 늘어나면서 이벤트의 개최 빈도도 크게 올라간 상태입니다. 스팀잇 정착에 도움이되는 이벤트도 많으니 틈틈이 확인해보시는 것도 좋습니다.

"마케팅 응용"

〈그림 7-9〉

Steem 티 시안 받았습니다☺〰

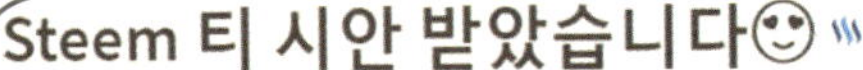

〈그림 7-10〉

"강의 마케팅 응용"

〈그림 7-11〉

▲ 또한 스팀잇을 통해 강의를 할 계획을 가지고 계신 분들은 글을 작성하며 강의 커리큘럼 또는 자신의 과거 이력 등을 소개하며 수강생을 모아보시는 것도 아주 좋은 방법입니다.

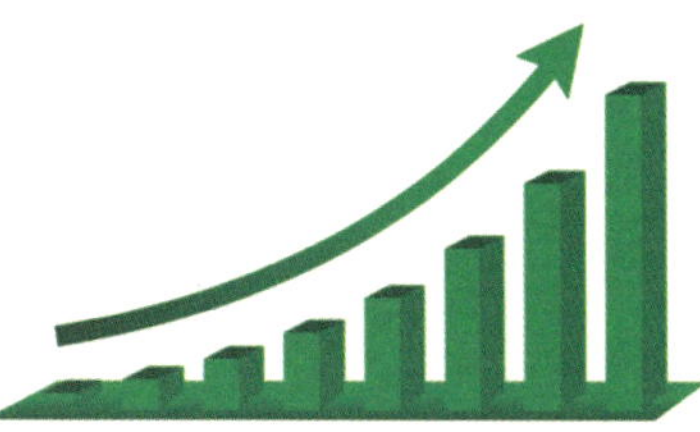

〈그림 7-12〉

▲스팀잇은 영상과 사진을 올릴 수 있지만, 주력 매체는 글입니다. 때문에 스팀잇은 블로거, 작가분들께 특히 유리한데, 글을 규칙적으로 포스팅하며 전업 크리에이터, 작가가 되어보는 것도 하나의 방법입니다.

8장

스팀잇 & 블록체인

1_ 스팀에서 일어날 것으로 보이는 3가지

(1) 개인화로 갈 것입니다

인터넷이 시작되었을 때, 처음에는 이메일이 생겼고, 이후 다음 카페, 네이버 카페 등 커뮤니티가 추가되는 방향으로 진화가 시작되었습니다. 여기서 조금 더 나아간 형태가 모르는 것을 질문하고 답변을 해 주는 네이버 지식인이라고 볼 수 있습니다.

이제 전문가들이 자신의 전문적인 정보를 쏟아 내는 블로그가 생겼습니다. 카톡과 같은 메신저도 인터넷과 연결되기 시작하면서 플랫폼 간의 연결은 더욱 가속화 되었고, 가상공간에서의 소통은 더욱 편리해졌습니다. 이처럼 인터넷 상의 정보는 나날이 더욱 풍부해지고 있고, 검색 능력은

강해지고 있습니다.

이제는 개인의 삶이 더욱 중요하게 됩니다. 최근에는 서점에서 10억 만들기 100억 만들기와 같은 제목을 가진 책들을 찾기가 쉽지 않습니다. 사람들이 "돈버는 게 결국 허상이다"라는 것을 깨닫고 '자신을 돌아보고 자신을 위하여 살자' 쪽으로 생각의 방향을 바꾸고 있기 때문인데요. 오히려 자신의 삶에 대한 고찰 또는 자존감에 대한, 혼자 살아가는 데 도움이 되는 도서들이 많아졌습니다.

스팀잇은 현재 커뮤니티와 전문 블로그 단계까지 온 것 같습니다. 앞에서 본 인터넷의 발전 방향과 마찬가지로 스팀잇도 군집을 이루다가 곧 개인의 집(스팀 계정 블로그)을 짓고 개인의 집(스팀 계정 블로그)을 꾸미는 개인의 스토리로 나아갈 것입니다

(2) 예능의 형태로 갈 것 입니다

컨텐츠의 가치는 독자에 따라 달라 집니다. 쉬운 예로 투자나 돈에 관심 있는 분들이 가치 있다고 느끼는 부분은 뉴스 또는 다큐일 것입니다. 일반 사람들이 TV 를 가장 많이 보는 황금시간대에는 다큐나 교육방송 대신 예능이나 드라마와 같은 흥미 위주의 프로그램이 편성됩니다. 하지만 그것이 컨텐츠의 질이 낮다고 폄하한다고 받아들일 필요는 없습니다.

대다수 사람들이 좋아하면 사람들이 모이고 기업들은 광고를 집행하며 컨텐츠의 퀄리티는 올라갑니다. 스팀잇의 컨텐츠들은 갈수록 다큐멘터리보다는 예능 쪽으로 나아가지 않을까 예상해 봅니다.

(3) 여성들이 주도해갈 것입니다.

유튜브나 인스타그램 아프리카TV 등, 요즘 뜨고 있는 플랫폼들에서 공유 빈도가 높고 좋아요가 많은 컨텐츠들은 대부분 자극적인 것들입니다. 그리고 인간의 기분을 고양시켜 주는 내용이 주를 이루며, 컨텐츠의 음성 톤도 하이 톤인 경우가 많습니다.

여기에 팔로워가 많은 크리에이터들은 대부분 여성입니다.
1등은 운동하는 몸짱여성
2등은 허세 있는 여신
3등 여행다니며 비키니 올리는 여성입니다.

절대 이상한 눈으로 볼 필요가 없습니다. 공유 및 교감은 여성들의 DNA 에 자연스레 녹아 있습니다. 여성들은 양육을 위한 본능의 일부로써 공감능력과 소통능력을 기본적으로 가지고 있습니다. 결국 여성들은 가상공간에서 남자보다 훨씬 유리합니다. 남자들은 사냥과 경쟁의 성향이 비교적 짙기 때문에 대체로 불리하다고 볼 수 있습니다.

가상공간뿐만 아니라, 오프라인에서도 마찬가지입니다. 어느 클럽이든 여성이 없으면 남성이 없습니다. 여성을 우대 하지 않는 클럽은 존재 하지 않습니다. 여성에 대한 배려가 없는 클럽은 성공할 수 없습니다. 여성들이 우대받고 모일수록 더욱 많은 남성들이 외부로부터 유입 될 것입니다.

2_ 사물인터넷 시대와 스팀잇의 미래

(1) 사물인터넷 시대란?

사물인터넷 시대가 다가오고 있습니다. 여기서 사물인터넷이란 사물과 인터넷이 조합된 단어입니다. 즉, 사물도 인터넷에 연결된다는 뜻입니다. 이제 조금만 시간이 흐르면 사물이 인터넷에 연결되는 것이 당연시되는 시대가 올 것입니다.

이미 미국에서는 이것이 가능합니다. 2015년 3월 31일, 아마존이 대시(dash)버튼을 만들었기 때문인데요, 이 대시버튼에는 와이파이 기능이 탑재되어 있어 고객은 집안에서 버튼 클릭 만으로 부족한 생활용품을 주문, 결제, 배송할 수 있습니다. 이제 물건을 사러 마트로 가지 않아도 됩니다.

무거운 장바구니를 들 필요도 없습니다. 한국도 곧 이러한 상황이 만들어질 것입니다.

과거부터 현재까지 인터넷의 발전 형태를 살펴보았을 때, 인터넷 기술은 '연결'을 강화하고 보완하는 형태로 발전해왔습니다.

1단계 컴퓨터만 있을 때는 웹을 통해 컴퓨터와 컴퓨터가 연결되었습니다.

2단계 스마트폰이 생겼을 때는 컴퓨터와 스마트폰이 연결되었습니다.

3단계 웨어러블 기기인 애플워치, 구글글래스 등이 새로 연결되었습니다.

4단계 - 스마트카, 스마트홈 등이 추가 연결될 것입니다.

현재 한국은 가전제품이 고장나거나 생활용품이 떨어지면 사람이 직접 전화를 걸거나 나서서 문제를 해결해야 합니다. 하지만 앞서 언급한 것처럼 사물인터넷 시대가 오면 사람이 나서야할 필요성은 많이 줄어들 것입니다.

(2) 사물인터넷 시대와 보안

사물인터넷 시대가 와서 모든 사물이 연결되면 편리합니다. 하지만 그만큼 보안의 중요성은 더욱 강조될 것입니다. 인터넷에서 보안 문제가 발생하는 대부분의 경우는 개인 정보가 유출 되었을 때 입니다. 현재도 남의 귀중한 파일을 암호화해서 암호를 풀어주는 대가로 비트코인을 요구하는 랜섬웨어 등의 문제가 많습니다.

그런데 중요한 것은 현재는 인터넷을 접속했을 때 개인정보

유출의 문제가 생기지만, 사물인터넷 시대가 되면 내가 인터넷을 접속하지 않아도, 사물이 해킹되면 개인정보가 유출 될 수 있다는 것입니다. 사물인터넷이 활성화될수록 이러한 문제의 위험성이 대두될 가능성이 높아집니다. 현재 랜섬웨어나 해킹 공격에 자주 당하는 이유는 데이터를 중앙의 한 서버에서 관리하기 때문인데 중앙 서버만 해킹 당하면 시스템은 마비될 수 있습니다.

그리고 이를 개선하기 위하여 블록체인이라는 시스템이 만들어졌습니다. 블록체인은 블록에 개개인의 데이터를 저장한 뒤 이러한 블록을 체인 방식으로 연결시켜 하나의 시스템으로 구성하는 것입니다.

한 명이 해킹을 당하더라도, 블록 하나가 해킹 당했을 뿐 다른 블록에는 아무런 피해가 없습니다. 결국 해커들이 시스템을 조작하거나 해킹하는 것이 매우 어려워집니다. 블록체인은 사물인터넷을 안정화시키는데 꼭 필요한 기술이라고 할 수 있습니다.

(3) 한국 SNS 역사에서 보는 스팀잇의 미래

저는 2015년 초부터 온라인 마케팅을 알게 되었습니다. 그래서 네이버, 구글, 카카오, 페이스북 등 글로벌 기업의 SNS채널의 성장과 하락을 모두 볼 수 있었던 것 같습니다. 서로 다른 기업들이 만든 SNS채널인데도, 흥망성쇠의 패턴은 대체로 비슷했습니다. 스팀잇도 현재는 기회로 보여지지만, 언젠가 기회의 문이 닫힐 것으로 생각되어 흐름을 되짚어봅니다.

*** SNS채널 성장기**

1. 계정을 만들기 쉽다.
2. 게시물 노출이 잘 된다.
3. 회원이 계속 늘어난다.
4. 게시물 퀄리티가 올라간다.

*** SNS채널 성숙기**

1. 계정 생성에 제한이 생긴다.
2. 게시물을 노출하려면 광고비를 써야 한다.
(노출공간 한정)
3. 초기에는 동기부여가 되었던 장치들이 치열한 경쟁 속에
   더이상이전만큼의 동기부여를 주지 못하면서 회원 유입이
   정체된다.
4. 동기부여 장치가 작동을 못하자, 게시물 퀄리티가
   정체되고, 모방 컨텐츠가 늘어난다.

현재 스팀잇은 성장기인 것 같습니다. 계속적으로 새로운 회원 분들께서 가입하시기 때문입니다. 하지만 스팀잇 역시 SNS이고, 노출 공간(인기 태그)역시 한정되어 있습니다. 저는 스팀잇의 회원이 기하급수적으로 늘어나기 시작하면서 앞으로는 관리에 많은 어려움이 발생할 가능성이 높다고 생각합니다. 문제가 해결되지 않는다면 스팀잇도 언젠가는 하락세로 들어서고, 스팀잇을 대신할 새로운 플랫폼들이 등장할 가능성이 있습니다.

(4) 개인의 대처 방안

그럼 개인은 대처를 어떻게 해야할까? 제가 생각하는 개인의 대처 방안은 브랜딩입니다. 아무리 회원들이 많아도, 특정 분야에 독보적인 사람이 있으면 그 회원은 돋보일 수 밖에

없습니다. 아직 기회가 있을 때 자신의 강점에 초점을 맞춘 개인 브랜딩에 관심을 가져보시면 좋을 것 같습니다. 여러 곳으로 여행도 가보고, 새로운 경험도 해보고, 글도 다양하게 써보면 자신의 강점이 보이게 되고, 결국 그 분야에 집중할 수 있게 되는 것 같습니다.

"에필로그"

지금까지 스팀잇에서 제공하는 여러 서비스를 활용해서 수익을 창출하고 마케팅을 펼치는 방법을 알아보았습니다. 앞으로 어떤 방향으로 흘러갈지 그 어느 누구도 정확히 예측할 수 없지만 스팀잇의 행보는 우리 삶에 커다란 영향을 미치게 될 것입니다.

그렇기에 평소에도 항상 스팀잇 운영진이 어떤 서비스를 내놓고, 어떤 방식으로 움직이는지를 주의 깊게 보아야 합니다. 그래야만 일상생활의 변화에서부터, 마케팅에 이르기까지 다양한 방향에서 빠르게 대응할 수 있기 때문입니다. 이 책을 읽으신 여러분 모두 스팀잇을 통해 최대의 성과를 얻으셨으면 합니다.

2018. 2. 20 저자

" 감사합니다
스티미언 여러분"

기부와 보팅으로 아낌없는 응원 보내주신 스티미언 분들께 깊은 감사
의 말씀을 드립니다.

@aabbcc90
@abcteacher
@adana
@adewalekean
@ahnhyeonseok
@akuku
@alexshin
@alidervash
@allpass
@amukae88
@anabolic
@andresrey
@annvely
@applemint
@arisong
@aromi
@arx

@asbear
@asinayo
@astraler
@autokjk70
@ayoungh
@baboo—cdf
@badao31
@banjjakism
@bella99
@bernardchoi9
@beutifullife
@bi1216
@billy1433
@blue923
@bluesky81
@brianyang0912
@bryanrhee

@bsooo
@bulro
@cagecorn
@callace
@captainfund
@capzzang
@card1
@cchstory
@cedoio
@centering
@chameonggue
@changemaker
@chawong
@cheerup
@chlee440hz
@choigiyeon
@choihaed

@choiseokhyun
@chrisjeong
@chungjaehwan
@code-like-poem
@coffeex
@coldbeec
@come-from-you
@contentsmad
@coocoo
@coolnpeace
@crowsaint
@cryptoabba
@crystalpalace
@cwsjames
@d7795
@dakfn
@dandelion102
@ddi
@designkoi
@dianamun
@directorbia
@djowa
@dlaehd93
@dmsqlc0303
@dnr1016

@dodream7979
@dorothy@kim
@dothy
@dreamyacorn
@dudu
@photograph
@dumplingirl
@dyuryul
@edgeofdawn
@ehtjsv2
@emmaa
@enen202
@enuff24
@eruni
@eunyx
@eversloth
@ewanlee
@feelingofwine
@felixcmg
@feyee95
@fieryfootprints
@fineapple
@firstqueen1019
@flightsimulator
@fromme

@futurecurrency
@gaeteul
@gbgg
@gelasius
@genius0110
@gfriend96
@gi2nee
@gidung
@gilbird
@gilma
@girina79
@glorias
@glorious@filmm
@gochuchamchi
@goodfeelings
@goodhello
@gruto
@guenyoung
@gum0725
@gumagreat
@haiyin
@hanee
@hanjaeyoung
@hannaju
@happyberrysboy

"감사합니다
스티미언 여러분"

@aabbcc90

@abcteacher

@adana

@adewalekean

@ahnhyeonseok

@akuku

@alexshin

@alidervash

@allpass

@amukae88

@anabolic

@andresrey

@annvely

@applemint

@arisong

@aromi

@arx

@asbear

@asinayo

@astraler

@autokjk70

@ayoungh

@baboo-cdf

@badao31

@banjjakism

@bella99

@bernardchoi9

@beutifullife

@bi1216

@billy1433

@blue923

@bluesky81

@brianyang0912

@bryanrhee

@bsooo

@bulro

@cagecorn

@callace

@captainfund

@capzzang

@card1

@cchstory

@cedoio

@centering

@chameonggue

@changemaker

@chawong

@cheerup

@chlee440hz

@choigiyeon

@choihaed

@choiseokhyun

@chrisjeong

@chungjaehwan

@code-like-poem

@coffeex

@coldbeec

@come-from-you
@contentsmad
@coocoo
@coolnpeace
@crowsaint
@cryptoabba
@crystalpalace
@cwsjames
@d7795
@dakfn
@dandelion102
@ddi
@designkoi
@dianamun
@directorbia
@djowa
@dlaehd93
@dmsqlc0303
@dnr1016
@dodream7979
@dorothy@kim
@dothy
@dreamyacorn
@dudu
@photograph

@dumplingirl
@dyuryul
@edgeofdawn
@ehtjsv2
@emmaa
@enen202
@enuff24
@eruni
@eunyx
@eversloth
@ewanlee
@feelingofwine
@felixcmg
@feyee95
@fieryfootprints
@fineapple
@firstqueen1019
@flightsimulator
@fromme
@futurecurrency
@gaeteul
@gbgg
@gelasius
@genius0110
@gfriend96

@gi2nee
@gidung
@gilbird
@gilma
@girina79
@glorias
@glorious@filmm
@gochuchamchi
@goodfeelings
@goodhello
@gruto
@guenyoung
@gum0725
@gumagreat
@haiyin
@hanee
@hanjaeyoung
@hannaju
@
happyberrysboy
@happycorn
@harryscoffee
@hawoon
@hegel
@hellocrypto

"감사합니다
스티미언 여러분"

@herokdj

@hgy671001

@hjoon

@hnhkmm

@hodolbak

@honeythegreat

@hongyeol

@hoya@kim

@hpmikjh

@hr1

@hsuhouse0907

@huarin

@hunnywind

@hutchson

@hygge

@hyojunguy

@hyunchul

@hyunwungjae

@icemozzi

@illluck

@ilovebeer

@ing057

@injoy

@innovit

@jackmin

@jaejun

@jay4u

@jhonny76

@jhy2246

@jhy22465

@jisung

@jjangdol69

@joenghwa

@joeuhw

@johndpark

@jomongsil

@joopang2

@josephlee12

@j-rodriguez

@jsquare

@julianpark

@jupal2

@kaine

@kanade1025

@kc6618

@kellykim

@kim066

@kimhama94

@kimjungmin

@kimsunggil

@kindbreeze

@kkh7356

@knight4sky

@kochun

@kokyu

@ koreabusinessnew

@korea-hipster

@koseongbin

@krapfred

@krguidedog

@kyunga

@kyungholee

@ladyuhyun

@lawyergt

@lcc3108

@leeja19

@leemieum

@leemikyung

@leesongyi

@lepamah

@lesto

@lgs8235

@limbba

@limzua

@louispark

@lsj01090

@luckystrikes

@lylm

@lynxit

@m8586

@manolover

@masakim

@mastertri

@mdlovemd2046

@mentalux

@micalgenus

@mikusnum

@mimitravel

@minsik

@mishana

@misunmissyou

@mming89

@mnsun

@monghae

@monostory

@moolpass

@mooyeobpark

@motory22

@movieremind

@munhwan

@munkihun

@musicholic

@muzineer

@myfan

@n7484443

@nand

@naue1524

@neps

@nhj12311

@ninifamily

@njhmaximus

@nomader

@nps0132

@nuhorizon

@nukunit

@nullz

@odongdang

@ogn

@okseoul

@olorin

@omanaa

@omani02

@onbis

@ooiia

@outis410

@pandafam

@parkhs

@parktaehyeon

" 감사합니다
스티미언 여러분"

@partykim	@realizeu	@seungki0
@paulkang	@recode	@shdojagi
@pediatrics	@red3128976	@shiho
@perfect—outsider	@redpiano	@showroo
@pinkprincess	@reesw88	@shucream
@pinse00	@rikaika	@sikbo
@piocat	@rnblue	@sismaru
@pistol4747	@roadpheromone	@siujiudaddy
@plop—into—milk	@room9	@sjchoi
@polonius79	@roona1383	@skan
@powersystem	@rosaria	@skuld2000
@psyoun	@roychoi	@skybaeni
@pumpkini	@ryuie	@sm2mr
@putra—muda	@salmonbooks	@small—story
@radiologist	@saloon1st	@smartbear
@rantertx	@sci402	@smigol
@realgr	@seaturtle	@snuff12
@realin	@seojinpark	@sochul

@solar-junely

@solnamu

@sonki999

@sonzweil

@sopia

@spiritboxer

@sports-bong

@spotpoint

@springfield

@sssullilacha

@ssumj

@steamfunk

@steemhitt

@steemitjp

@steemitst

@stellasjshin

@storyjang

@stunninglife

@successtrainer

@sugarcane

@suico2

@sunyoungkwon

@suran

@sweetpapa

@syivestre

@sylviangel

@taeyinara

@tanama

@tata1

@templer23

@temps88

@testament

@thegreatgatsby

@tigerj

@tip2yo

@tizianotiziana

@tjayhas

@tkddls1116

@tobenicer

@torimi

@toxic-retriever

@toy8

@trueonot

@tumble

@twinbraid

@uchonsuyeon

@ujuseon

@ullalla98

@valueman

@vanila

@vecenza

@verygoodsurgeon1

@vimva

@waxheart

@wherever

@winnie98

@withhappy

@witism

@woo7739

@woojumbs

@woori22

@woosungchoi

@xiian

@xinnong

@y4nga

@yanca

@yangmok701

@yangpankil27

@yangrisa

@ybjeon01

@ycreator

@yellocat

@yellownoda

@yeonghoon

@yeoreum

" 감사합니다
스티미언 여러분"

@yibt5227

@yidar

@yong2daddy

@yooncoins

@youjin

@youyun777

@ysju1201

@yudong

@yuky

@yuoyster

@yusulism

@zamini

@zapper

@zaq8710

@zird

@zorba

@zzong81

〈스팀잇 왕초보가이드북〉

초판인쇄 : 2018년 3월 2일
지은이 : 우동성, 신재혁
출판사 : 온라인 비즈니스 스쿨
편집자 : 장영광
연락처 : 010 - 9633 - 1751
Stevenjangs@gmail.com

책값은 뒷표지에 있습니다.
ISBN : 979 - 11- 87654-47-6